P폐나목

PC방 폐인이었던 나는 목사다

문해룡 지음

나침반

어찌해야 하는가?

요즘 출시되는 수많은 게임들(스마트폰 게임을 포함), 급속도로 발전하는 하드웨어와 프로그램 그리고 수많은 문화는 우리 자녀를 유혹하고 사회 문제가 되고 있다. 게임에 빠져 PC방 가는데 아이가 운다며 목 졸라 죽인 아버지, 게임에 빠져 학업과 직업을 포기한 젊은이들, 육아를 스마트폰에 맡긴 애기 엄마, 점차 사회적으로 늘어나고 있는 비정상적인 가정의 문제를 어떻게 대처해야 할까?

부모들은 요즘 젊은이들이 문제라며 걱정하고 있다. 그러나 이는 자녀 문제에서 끝나지 않고 그 연령은 높아져가고 있다. 게임이 스포츠화 되고 직업이 되었다. 게임하며 명문대를 가거나 재벌급이 된 사람들도 있어 우리 자녀들에게 선망의 대상이 되고 있다. 우리 자녀들이 "프로게이머가 되고 싶어요"라고 한다면 어떻게 하겠는가?

미래 게임 산업 규모는 엄청날 것이다. 어떻게 대처할 것인가?

이 책이 쓰나미처럼 밀려오는 사회 현상을 대비하고, 우리들이 게임에 대한 건강한 지식을 가지고 학업이나 가족생활, 사회생활, 교회생활에 삶의 균형을 이루는 데 쓰여지길 기도한다.

이 글을 위해 수고 해 주신 분들이 있다. 부산대학교 국어국문학과 류경자 교수님, 곽대영 목사님, 고신대학교 교육학 박사 김상윤 부총장님, 나침반출판사 김용호 대표님께 감사드린다.

지은이 문해룡

목차

나는 PC방 폐인이었다!

나는 사람들의 입에 오르내리는 게임중독자였다.

이렇게 인정하는 이유는 내 삶의 책임을 다하지 않고 살았기 때문이다. 누군가에게 피해를 준 것은 아니지만, 지금 가정의 가장으로서 되돌아보니 부끄러운 삶이었다고 생각한다.

그리고 나는 부모의 간섭이나 훈계 등 아무런 통제 없이 살아왔다.

왜냐하면 부모님을 일찍 여의었기 때문이다. 내 욕구대로 거리낌 없이 살다보니 PC방에서 폐인의 삶을 살아도 제재를 당하지 않는 그야말로 최상의 자유까지 누렸다. 부모로부터 게임 통제를 받는 이들에게는 이러한 자유가 아마 부러움의 대상일지도 모른다. 그러나 그것은 진정한 자유가 아니었다. 나 스스로 그것이 자유가 아니라 방종임을 깨닫는 데에는 많은 시간이 걸렸다.

나는 지금 PC방 폐인생활이 무슨 자랑할 만한 체험이나 되는 양 당당하게 이 글을 쓰고 있다. 그래서 한편으로는 무안한 마음도 든다.

나에게 있어 PC방 폐인생활은 자랑할 만큼 가치가 있는 것이 못된다. 뿐만 아니라 게임에 빠져 살아가는 이들에게 마치 면죄부를 주는듯이 되지는 않을까 조심스럽다. 그럼에도 불구하고 내가 이 글을 쓰는 것은 온전한 가정에 대한 간절함이 있는 이들에게 나의 체험과 내 삶의 변화가 위로와 비전을 줄 수 있을 것이라는 기대 때문이다.

나는 게임중독에 관해 전문가이거나 전공분야로 탐구한 사람도 아니다. 다만 목사로서 인간의 연약함에 대해 진솔하게 체험적 삶을 이야기 하고자 한다. 그리고 가정에서 일어날 수 있는 갈등의 문제를 해결하고 조금이나마 유익을 주고 싶을 따름이다. 특별히 자녀를 둔 가정을 위해 내 치부조차도 서슴없이 드러내고자 한다.

내가 게임중독 문제를 해결할 수 있었던 것은 전적으로 하나님의 은혜다. 하나님을 믿지 않는 독자들도 있겠지만 넓은 아량으로 읽어주기를 바란다. 왜냐하면 나는 목사이기 때문이다. 그러나 목사이기에 앞서 게임을 좋아하는 게이머(마니아)로서, 그리고 한 가정의 남편으로서 아버지로서 진솔하고자 한다. 그래서 나는 체면을 벗어던지고 나의 가정을 자랑하는 팔불출이 되려 한다. 이유는 PC방 폐인이었던 내가 오직 하나님의 은혜로 4명의 아이를 둔 아버지가 되었기 때문이다.

게임으로 인한 사회적 문제는 청소년에게만 한정된 것이 아니라 30, 40대로 그 연령층이 높아져 가고 있다. 그러다 보니 오늘날 젊은 세대들의 가정에서는 게임으로 인해 부부갈등이 심화되는가 하면, 급기야는 이혼하는 가정들도 생겨나고 있다. 뿐만 아니라 오늘날의 젊은 세대들 중에는 자녀들이 자신들의 여가 활용을 하는 데 있어 장애물이 된다고 생각하여 자녀 출산을 꺼리는 경우도 있다.

　그 예가 취업포기, 연애포기, 결혼포기, 출산포기를 의미하는 말로, 4포세대가 있는데, 급기야 요즘은 내 집 마련 포기까지 포함하여 5포세대에까지 이르고 있다.

왜 이제야 책을 쓰게 되었는가?

　이 책을 쓰고 싶은 간절한 마음은 10년 전부터 있었다. 왜냐하면 나 스스로 게임문제가 심각한 사회문제로 대두될 것이라는 것을 예감하고 있었기 때문이다. 그러나 집필을 시작하고도 이제야 탈고하게 되었다. 그 이유는 아래와 같다.

●이유 1 : 나는 목사인데…….

　어느 날 나는 '참착한 하나로교회'로 부임하게 되었다. 한 교회를 섬기는 목사의 사명은 그 교회와 지역의 이웃을 섬기는 데 있다. 그래서 책 출간으로 인해 나의 본질을 망각하지나 않을까 지레 걱정부터 했다. 혹시 책 하나 쓰고는 강사라며 강의을 다니면서 교회를 등한시 하게 되지나 않을까 싶어서였다.

　"제가 책을 하나 쓰고 있는데요. 책 내용이 '한때 PC방 폐인이었던 나는 지금 목사다'라는 내용의 책인데요…….'

　말끝을 흐렸다. 부끄러웠다. 그럴 때마다 나의 과거를 모르는 지인들은 다시 한 번 나를 쳐다보았다.

　부끄러운 마음에 얼른 다음 이야기를 꺼냈다.

"게임중독으로 인해 발생하는 생활의 문제들에 대해 해결점을 찾아주고, 가정의 갈등을 최소화 해주고자 합니다."

그럴 때마다 거의 대부분의 지인들은 긍정적으로 반응해 주었다. 주위의 반응들을 보면서 나는 힘을 얻었다.

나는 이 기회를 빌려 나에게 용기를 주신 분들께 감사의 인사를 전하고 싶다.

●이유 2 : 패배주의적 성향 때문에…….

나에게 아직도 치유되지 못한 패배주의적 성향이 남아있는 듯 하다.

'나 같은 것이 뭘…….', '난 안 돼!'라는 생각이 앞섰다.

그러던 어느 날이었다.

동료 목사이면서 청소년 전문사역자이며, 형님뻘 되는 50대 B목사님이 자신의 컴퓨터 고장으로 인해 급한 도움을 요청해 왔다.

우리 교회는 컴퓨터 다섯 대를 교육관에 설치해 놓고 무료 강습도 해 주고 있는데…….

컴퓨터에 많은 문제가 있어 부팅조차 되지 않았다. 컴퓨터 수리 시간은 무려 4시간 가까이 소요되었다. 그렇게 컴퓨터 수리를 하면서 요즘 청소년과 젊은이들의 게임중독에 관하여 이야기를 나누게 되었다. 그러는 동안 책이 출간되어야 할 시점이라는 것을 깨닫게 되었다.

사실 많은 상담가들과 전문가들이 있다. 병원이 있고 국가가 있으며, 게임 협회에서도 이 문제에 대처하고 있다.

그래서 나는 기도하는 마음으로 이렇게 고백했다.

'하나님 저는 아직 아닌 듯합니다. 하나님 저는 기도하는 목사지 중독을 치유하는 의사가 아닙니다.'

그러던 어느 날, 외출 중이던 아내가 허겁지겁 사무실로 뛰어들어 왔다. 교회 앞에서 사람이 죽었다며 겁을 먹었는지 눈이 똥그래져 있었다. 그래서 후다닥 나가 보았다.

사무실 바로 앞에는 신호등이 있다. 선이 보이지 않을 정도로 횡단보도는 피바다였다. 수많은 사람들의 눈이 그곳을 응시하고 있었다.

어떤 한 사람이 횡단보도를 건너다 트럭에 깔린 것이다. 죽은 사람이 땅에 나뒹굴고 있었다. 처참했다.

잠시, 자신의 삶을 돌아보라!

그날의 교통사고는 나에게 엄청난 충격으로 다가왔다.

오늘날 젊은이들이 꿈을 잃고 무기력하게 큰 대형 트럭 앞에 깔려 죽어 가고 있다는 느낌을 받았기 때문이다.

'조금만 조심한다면 분명히 피할 수 있는데…….'

교통사고든지, 게임이든지 서로 조금의 관심만 기울인다면 인생이 망가지는 것을 막을 수 있는데 말이다. 특히 게임에 있어서는 중독의 문제를 인식만 해도, 가정에 대한 소중함을 자각하기만 해도 바른 길이 보이는데 말이다.

아주 조금만 자신을 컨트롤 하려고 노력한다면, 얼마든지 자신이 좋아하는 게임을 즐기면서 인생을 잘 살 수 있는데, 이 시대의 젊은

이들은 그 시도조차 안 하고 있는 것 같다. 아니 못하고 있는 것 같다. 때문에 허송세월만을 보내며 무기력하게 사는 이들이 많은 것 같다.

나의 무기력함에 마음이 착잡해졌다. 그래서 부족하지만, 손가락질을 받을지언정 나서기로 했다.

● 이유 3 : 주변의 반응에 대한 걱정

마지막으로 게임중독자들에 대해 다소 관대해 보이는 나의 처사가 어떻게 받아들여질지도 걱정이었다.

요즘에는 사회적 지위를 막론하고 게임에 빠져있는 이들이 많다.

또한 청소년들이 행여 "게임하던 목사도 있는데……", "게임하던 목사도 잘 되었다는데……"라며, 자신에게 정당성을 부여할까 염려가 되었다.

그럼에도 불구하고 지금도 내 삶 가운데 역사하시는 하나님이 과거에도 그러했지만 내 삶 가운데 부으시는 은혜와 동기들이 있다.

그래서 단언컨대 우리를 변화시키는 것은 하나님의 능력임을 자랑하고 싶었다.

나는 확신한다. 이 글은 나의 이야기지만, 그러나 이야기에서 그치지 않고 해답을 줄 수 있으리라 확신한다. 그 이유는 내 삶 가운데 역사하신 성령 하나님 때문이다.

"내가 너희 가운데 거할 때에 약하고 두려워하고 심히 떨었노라 내 말과 내 전도함이 설득력 있는 지혜의 말로 하지 아니하고 다만 성령의 나타나심과 능력으로 하여 너희 믿음이 사람의 지혜에 있지 아니하고 다만 하나님의 능력에 있게 하려 하였노라"(고린도전서 2:3-5).

어떤 이는 컴퓨터중독이 날로 심각해져가고 있지만, 큰 문제가 되는 자녀는 극소수라고 생각하여 대수롭지 않게 생각한다. 그러나 게임 때문에 사람을 해치거나 자녀를 방치하기도 한다. 이러한 게임중독 문제는 비단 우리나라만의 문제가 아니다. 중국이나 인도, 대만 등을 비롯해 범세계적으로도 늘어나는 추세이다. 이러한 범세계적 문제를 해결하기 위해 많은 학자들이 논의 중이다.

게임은 못하도록 막아서 될 문제가 아닌 것 같다. 국회의원 중에는 게임중독 법안을 준비 중인 사람도 있다. 집필하던 시기에 게임 중독에 대한 사회적, 정치적 잇슈는 아주 컸다. 또한 앞으로도 이 관심사는 쉽게 가라앉지 않을 전망이다. 국회의 게임중독 법안의 골자는 사전검열, 사전심의 강화이다. 목적은 청소년들을 게임 중독으로부터 보호하겠다는 것이다.

사람의 영혼에 관심을 가질 수밖에 없는 목사로서 감히 말하건대 법이나 제도로 사람을 변화시키기는 너무나 어렵다. 그 대표적인 예가 바로 성경의 율법이다. 왜냐하면 성경의 말씀은 인간이 죄인이어서 끝없이 타락하여 결국 자신의 욕망을 충족시키기 위해 그 율법을 어긴다는 것이다. 지금껏 역사도 그러했고 현재도 다를 바 없다. 인간의 죄는 갈수록 날로 더해가고 지능적 범죄는 늘어나고 있다.

만약 중독 법안이 제정되었다고 하자. 법의 허구성은 또 다른 문제를 야기 시킬 것이다. 더욱이 게임 산업은 급속도로 발전할 뿐 아니라 급성장하는 프로그램과 하드웨어로 인해 우리 생활 깊숙이 들어오고 있다. 수많은 자본가들은 광고를 통해 끊임없이 사람들을 게임으로 유혹한다. 우리 삶의 깊숙한 영역까지 들어올 것이다.

법으로 해결 할 수 있는 문제 사안이 아니다.

그리고 또 다른 갈등이 야기된다.

인간은 감정을 지닌 존재이다. 때문에 사랑과 이해가 바탕이 되지 않으면 정신적인 문제는 해결될 수가 없다. 만약 게임중독자들이 제도적으로까지 외면당한다면 어떻게 행복한 가정을 꾸릴 수 있으리라는 희망을 가지겠는가?

뿐만 아니라 게임중독 법안이 제정되면 범법자들은 법을 피해가려 할 것이고 중독법은 더욱 강화 될 것이다. 결국 이 법안은 게임을 좋아하는 마니아를 게임중독 죄인으로 만드는 또 하나의 족쇄가 될 소지가 크다.

예방 프로그램과 바른 인식

서점에 가면 수많은 게임중독 치유 관련 책들이 있다.

그런데 거의 대부분이 게임은 해서는 안 된다는 것이 골자다.

'안 돼!'라고만 말한다고 해결이 될까?

간혹 게임은 하되 절제 시켜야한다는 책도 있지만, 너무 관념적이라 막상 당사자에게는 실제적인 도움이 되지 않는다.

뿐만 아니라 많은 교육프로그램들도 나와 있지만 경각심만 일으킬 뿐, 실제로 자기 통제력을 가지게 하기에는 역부족이며, 자신의 무능함만 자각할 뿐이다.

'나는 어떻게 게임중독 문제를 해결 했지?'

솔직히 나에게는 '하지마', '안 돼!'라고 말해 준 가족이나 친구,

지인들이 없다. 교육받은 것도 없다. 치료받은 적도 없다. 오직 하나님의 은혜와 사랑으로 치유할 수 있었다.

그렇다면 지금 이 시점에서 우리는 무엇을 해야 하는가?

나라도 게이머들의 눈높이에 맞추어서 그들을 이해하고 공감해 줘야 하지 않을까? 그리고 가정에서 게임으로 인한 문제점을 실제 나의 삶을 통해 이해해주자는 공감대 형성에 중점을 둬야 하지 않을까?

앞으로 우리나라의 게임 규제에 대한 법안이 어떻게 적용될지는 미지수다. 만약 그 법안이 제정된다고 할지라도 안정적으로 뿌리 내리는 데에는 많은 시간이 걸릴 것이며, 시행착오를 겪을 것이다. 그리고 그 법은 또 다른 조항들을 추가해야 할 것이다.

그 이전에 해야 할 일이 있다면 게임에 대한 가정과 사회의 바른 인식이 형성되어져야 한다. 즉 컨트롤 할 수 있는 예방과 교육이 앞서야 한다는 말이다. 자신을 절제할 수 있도록 교육이 우선되어야 하는데, 자녀들이 게임에 올바르게 접근하는 방법과 실제적인 삶의 예가 있어야 한다. 그래야 간접적인 경험을 통해 예상하고 준비하여 훈련되어질 수 있고, 그로 인해 개인과 가정, 학교와 사회는 더 건강해 질 수 있을 것이다.

미래의 게임 산업을 그려보다

스마트폰을 보고 있으면 새로운 게임들이 날마다 생겨나는 것을 볼 수 있다. 게임은 걸어 다니면서도, 일하면서도 하게 된다. 예를 들면 구글 안경과 스마트 시계, 스마트화 된 옷과 신발, 손가락 사이의 반지형 마우스 등 수많은 센서 장치들을 입고 끼고 생활하는 가운데 게임하는 시대가 왔다. 우리의 모든 일상이 게임의 연장선상이 된다면 어떻게 될까?

[엔더스 게임]이라는 영화를 아는가?

이 영화의 줄거리는 게임 천재 소년을 사령관으로 키워서 미래의 우주 전쟁을 승리로 이끈다는 내용이다. 그런데 이 공상과학 영화에는 공상으로 그치지 않는 아이러니가 있다.

오늘날 실제적으로 무인 조종 무기들이 속속히 개발되고 있는 현실을 감안한다면, 이것들의 조종을 위해 게임기를 잘 다루는 인재들이 필요한 것 아닌가? 좀 비약적인 예로 번지는 듯하다. 그러나 확실한 것은 프로그램과 OS, 하드웨어들은 엄청난 속도로 발전하고 있다. 또한 소비자들을 끌어 들이기 위한 엄청난 자본과 톡톡 튀는 광고는 게이머들의 시선을 사로잡기에 충분하다.

실제적이고 현실적인 경험자의 노하우가 필요하다

만약 법이나 제도로 게임중독을 막을 수 있다면 만들어야 한다. 하지만 나는 법이나 제도에 앞서 교육과 예방이 우선이 되어야 한다고 생각한다. 그러나 지금 현재의 예방 대책은 중간 단계가 없다. 교육이라고 해 봐야 그저 '하지마라', '안 돼!'가 모두이다.

간혹 아주 특수한 사람들의 사례를 접하기도 하는데, 게임중독자가 서울대생이 되었다거나, 게임을 좋아하는 학생이 미국으로 유학을 갔다거나, 게임을 좋아하다 사둔 주식이 대박 터져 엄청 큰돈을 벌었다거나 하는 등 게임을 통해 얻는 유익들도 있다는 뉴스이다.

이것들은 말 그대로 횡재를 한 아주 특수한 사례들에 불과하다. 이러한 반응들은 편협한 시각에서 나온 것이라고 본다.

필자는 목사지만 중립적인 입장에 서서 게이머들에게는 허황된 욕심을 버리고 눈높이를 낮추어 현실을 직시하라고 말하고 싶다. 그리고 게이머에 대해 나쁜 인식을 가지고 있는 가정과 사회에는 문제해결의 실마리를 제공하고 싶다.

그렇기 때문에 무엇보다 실제적이고 현실적인 경험자의 충고와 제안이 필요하다고 생각한다. 그저 통상적이고 형식적인 교사의 가르침이 아닌, 정규 이론에 밝은 학자의 훈계가 아닌, 정신과 의사의 경고가 아닌, 청소년 전문가의 호된 지적도 아닌, 게임은 사단(마귀)이라고 소리치는 목회자도 아닌, 게이머들의 마음을 이해하고 그들과 함께 하며 위로하고 헤쳐나올 수 있는 멘토가 되고 싶다.

게임만 중독성이 있는가?

예컨대, 성인들 중에는 바둑, 스포츠 등 여가 활동에 중독된 사람들이 있다. 내가 배드민턴을 좋아하다 보니, 배드민턴을 통해서도 이런 저런 사람들을 만날 기회가 많다.

그런가 하면 돈을 많이 벌기 위해 일만 하는 일중독자도 있다.

돈 번다고 자녀 교육을 소홀히 하여 문제가 되는 가정들도 있다. 일중독은 폐해가 없는가? 일중독에 빠지면 가족과의 소통이 단절된다.

바둑중독은 문제가 되지 않는 것인가? 바둑에 빠져 자기 생활에 부정적 영향을 끼치고 있다고는 생각하지 않는가? 그들 중에는 기원에서 종일 사는 사람들도 있다.

그런데도 PC방만 문제인가? 기원은 왜 문제가 되지 않는가? 바둑은 유인력이 약해 사회적으로 드러나는 문제가 심각하지 않기 때문인가?

그들을 아무 때나 폐인이라 부르지 말라!

꼭 그렇지만은 않다. 인식의 차이가 있을 뿐이다. 아이가 바둑에 심취하여 있다고 하자. 그러면 주위 사람들은 무엇이라고 하는가? 바둑중독자? 아니다. 오히려 바둑천재라 할 것이다. 그리고 이창호 등과 같은 바둑천재들을 떠올리며 엄청난 돈을 벌어들일 일만 남았다고 생각할 것이다. 어떤 영역에서든 천재성에 필요한 요소는 바로 끈기이자 집착이다.

매일 운동장에서 축구만 하는 자녀는 어떠한가?

옛날에는 공부 안 하고 축구나 노래에 빠져 있으면 어른들로부터 혼이 났다. 그러나 오늘날의 운동선수나 아이돌들을 보라.

그리고 월드컵을 보라! 세계에서 가난한 나라는 다 모여 있는 아프리카 사람들도 축구선수가 되면 부를 누리는 세상이 되었다. 아프리카의 골목골목에서 흑인 아이들이 너도나도 할 것 없이 축구를 하고 있다.

요즘은 SNS에 빠져 있는 여성과 남성들이 많다.

그들도 다 중독자가 될 수 있는 것이다. 결국 무슨 중독이든 중독으로 인해 자기 관리, 가정 관리에 소홀해지는 문제는 도토리 키재기이다.

게임중독자만 걸고 넘어지지 말라!

중독에 대한 해법은 '무엇이 더 큰 문제냐'가 아니라 '무엇이 어떤 문제를 일으키고 있느냐'를 보아야 한다. 그런 의미에서 보자면 해악의 측면에서 게임중독이 단연 우세하다.

게임중독의 문제를 한마디로 말한다면 갈등이다. 가정에서의 갈등, 학교나 직장에서의 갈등 등 게임으로 인해 자기가 포함된 공동체에 갈등을 조장하기 때문에 그 해악이 크다고 할 수 있다. 더 나아가 자기관리 부족으로 스스로를 망치게 된다. 물론 게임 몰입으로 인한 갈등을 조장한 책임은 우선적으로 게이머에게 있다. 그러나 그 책임의 절반은 이해 부족과 강압적인 대처로 갈등을 심화시키는 가족에게도 있다고 보아야 한다.

우리나라에 위기가 닥쳐 오고 있다

크게 우리나라 전체를 놓고 한 번 생각해 보자.

우리나라는 자녀 출산율 1.2% 이하의 저출산 국가로, 머잖아 고령화문제로 인한 국가의 존폐 위기가 닥쳐올 것이다. 그런데 오늘날 5포세대가 포기하는 것 중에 하나가 바로 자녀 출산이다. 이로 인해 국가적 문제를 일으키고 있다. 그 이유 중에 하나는 자기의 여가 생활을 누리기 위해 자녀에 대한 기대감이 없고 현재와 현실에 안주하는 이들이 늘어나고 있다는 것이다.

그리고 결혼을 하지 않겠다는 이들이 늘어나고 있다. 그래서 게임중독 법안을 대 찬성하는 분들은 "그렇기 때문에 게임이 문제야"라고 말하는 이들도 있다.

아니다. 이들은 상당히 비약적으로 말하는 것이다. 4명의 아이를 낳고 지금도 게임을 하는 목사인 내가 문제라는 사람은 아무도 없다. 우리 가정에서도 내 아내는 나를 문제 남편으로 생각하지 않는다.

폐인과 게이머

중독자와 게이머는 구분이 되어야 한다.

게임중독으로 인해 도덕적 범죄를 저지르거나, 자신의 역할을 수행하지 못하여 사회로부터 격리된 자에 한해 중독자라고 불러야 할 것이다. 게임을 좋아하고 많이 한다고 해서 그를 중독자라고 낙인을 찍는다면 스포츠 종사자들은 모두 게임중독자일 것이다.

왜 그들을 게임중독자라 부르는가?

왜 너무나 쉽게 그들을 폐인이라 부르는가?

그래서 나는 이렇게 주장한다.

"그들을 게임중독자로 낙인찍지 말고, 게이머(Gamer)나 마니아라고 불러라."

우리 중 누가 임요환 선수를 게임중독자라고 말하며 폐인이라 한 적이 있는가? 아니 오히려 그를 게임 산업의 선구자라고 부른다.

물론 게임에 빠진 모두가 게이머는 아니다. 우리가 아는 사람들 중에는 분명히 게임중독으로 인해 폐인이 된 사람이 있는 것 또한 부인하지 않는다. 그래서 중독 여부를 알 수 있는 테스트 모델을 통해 점검 받기를 권한다.

요즘 부쩍 뉴스에서 게임으로 인해 발생하는 사고를 많이 접하게 된다. 자칭 게임 마니아라고 하는 사람들이 자신의 실제적인 삶을 망각하고 비현실 세계에서 벗어나지 못해 저지르는 범죄가 뉴스거리들이 되고 있다. 이처럼 현실을 직시하지 못하고 죄의 유혹에 빠지게 되는 이들은 가족이나 주변 사람들의 관심이 필요하다. 그리고 그들을 위해 현실을 직시할 수 있는 프로그램을 만들어 주어야 한다는 것이 나의 주장이다.

나는 게임의 문제를 갈등의 문제로 보고, 가정의 갈등을 해소해 줄 수 있는 방편으로 이 책에 의미를 부여한다.

게임의 가장 큰 문제는 인간관계이다

인생 겨우 한 번 사는 것이 사람의 일생이다. 풀과 같고 안개와 같은 인생이라고 했다. 그러나 우리는 우리에게 주어진 인생에 최선을 다해 아름다운 인생, 가치 있는 인생을 살아야 한다.

어쩌면 반대로 생각하는 젊은이도 있을 것이다.

"이래 살아도 한평생, 저래 살아도 한평생, 그러니 폼 나고 재미나게나 살아보자"라고 말이다.

그러나 나이를 먹으면 먹을수록 후회할 것이 더 많다. 나는 그들보다 앞선 세대로서 그들이 시행착오를 겪고 있는 실정을 지금 관망만 해서는 안 된다고 생각한다.

인생의 성공은 인간 관계에서 좌우된다

나는 PC방 중독으로 폐인의 삶을 경험했다. 그리고 많은 시행착오를 겪었으나 그 위기를 스스로 극복했다. 그런 경험을 한 장본인이지만 지금까지 나는 구경꾼으로 지내왔다.

'난 지금 행복하니까.'

'내 자식 4명만 잘 크면 되지.'

이렇게 자만하면서 그저 관망만 하고 있었다. 그러다 보니 안일함에 빠져 내 생활을 즐기며, 한 교회의 목사로서 그저 내가 맡은 책임을 다하고 있다는 자긍심으로 아쉬울 것 없이 살고 있다. 때로는 내가 좋아하는 스타크래프트2 게임을 하면서 말이다. 그리고 올해 입학한 둘째인 7살 난 아들에게 WOW 게임도 가르쳐가면서……

오늘날의 많은 젊은이들이 게임의 수렁에 빠져 함몰되고 있다.

이런 상황에서 내 자식의 일이 아니라고 묵묵히 지켜보고만 있는 것은 목사인 내 직무를 이행하지 않는 무책임한 행위라는 생각이 들었다. 더군다나 누구보다도 그들의 심정을 이해하는 목사로서 말이다. 그래서 나는 스스로를 위안하며 내 글에 목적성을 부여하기 시작했다.

'나는 무엇 때문에 글을 쓰고자 하는가?'

'나는 누구를 염두에 두고 글을 쓰고 있는가?'

'나의 글이 누군가에게 실낱같은 도움이라도 될 수 있을 것인가?'

어떻게든 이 책을 통해 나의 경험이 그들에게 간적접인 경험이 될 수 있도록 글을 쓰고 있다.

이 책은 부모와 교사가 먼저 읽어야 해요! 청소년 판은 독자가 원하면 출판할게요. ㅋ

그래서 이 책을 읽는 결혼 적령기의 자녀들과 결혼 후에도 여전히 게임을 하고 있는 남편들이, 육아에 시달리며 가정을 꾸려가는 아내 마음을 이해하고, 스스로를 절제하여 행복한 가정을 세워가는 데 도움을 줄 수 있기를 기도하며 이 글을 써 내려가고 있다.

더 나아가 아내와 부모가 되는 사람들도 이 책을 통해 조금이나마 게이머(마니아)를 이해 할 수 있도록 해 주고 싶었다. 게임으로 인해 심화되는 가정의 갈등을 이들이 앞장서서 해소할 수 있도록 이해 시켜보자는 것이다.

나는 목사로서 하나님의 말씀을 통해 그분의 높은 뜻을 전달해야 할 메신저다. 게임으로 인해 나와 내 주위에서 일어나고 있는 모든 죄악들을 솔직히 드러내고, 내가 보고 깨닫는 것을 하나님의 말씀

통해 피력해 보려고 한다. 그래서 마지막에는 심화과정을 통해 마무리를 하고 싶다.

　나는 중독 해결 전문가라고 말하지 않겠다. 나는 게임중독 예방에 일조하고자 하는 사람이다. 그럼에도 불구하고 내 주장을 여러 사람들에게 관철시키고자 하는 것은 중독자였던 내가 떳떳하게 가정을 세우고, 교회 성도들을 섬기는 현직 목사이며, 건강하게 살고 있기 때문이다. 이 명분도 비기독교인에게는 통하지 않는 말일 수 있다. 하지만 하나님 앞에 숱한 죄를 짓고, 그 죄를 다시 범하지 않기 위해 자신과 싸워야 했던 나는 지금도 게임을 즐기면서 살아가는 자로서 현재까지는 하나의 좋은 모델이 될 수 있으리라 생각한다.

　정죄하는 자가 아닌, 그들의 입장이 되어 생각해 보고자 한다. 우리의 죄를 대신 담당하러 낮고 낮은 이 땅에 인간의 모습으로 오신 예수님을 생각하면서…….

　나는 PC방에서 스타1과 디아블로 게임으로 2년 가까이 폐인생활을 체험한 자임에도 불구하고 내 자녀들에게 게임을 금하고 있지 않다. 나는 내 사고방식과 육아방식을 독자들에게 보여주고자 한다. 자식 문제에 대해서는 아직 미래가 확정된 것이 아니기 때문에 뭐라고 말할 수 있는 입장이 못 된다. 왜냐하면 아직 내 나이는 40대 초반에 불과하며 아이들도 어리다. 그래서 이 아이들의 미래를 내 스스로 단정 지을 수 없다.

　게임 마니아가 나에게 "당신은 롤(LOL)을 아느냐?"라고 묻는다면, "나는 지금도 스타크래프트2 게임을 즐기는 마니아입니다"라고 말한다. 나의 답변은 정통 카오스(워크래프트의 도타) 마니아였다. 이 정도 답변하면 롤에 빠져있는 젊은이들은 나에게 엄지를 치켜세울 것이다. LOL(league of legends)은 워크래프트3의 유저맵 중 도타에서 한글판 카오스로 바뀌며 시작된 것이다. 이것을 모르는 사람은 롤(LOL)을 모르는 사람이다.

나는 그저 "아, 이 목사님은 우리를 충분히 이해할 수 있는 분이구나" 하는 말을 듣고 싶을 뿐이다. 그리고 그들이 상담을 요청해 온다면 언제든지 만날 준비가 되어 있다.

이 책을 게이머들과 게임에 빠진 자녀를 둔 부모님들, 젊은 부부들을 위해 진솔하게 써 본다. 이 글을 읽고 이들이 게임에 대해 절제력을 얻게 되기를 소망하면서……

진짜 게이머들을 위한 치유는 절제력을 소유하게 하는 것이다.

게임에 끌려다니는 중독자가 아닌 즐기는 자가 되기를 바란다.

성경의 말씀에 성령의 9가지 열매 중 마지막 능력인 절제를 배우기 바란다. 그래서 자신과 가정을 세우는 그들이 되기를 소망한다.

나는 절제를 체험한 자이다. 그 절제의 삶을 여기에서부터 읽어 간다면 간접적으로나마 느낄 수 있으리라 생각한다.

"오직 성령의 열매는 사랑과 희락과 화평과 오래 참음과 자비와 양선과 충성과 온유와 절제니 이 같은 것을 금지할 법이 없느니라"(갈라디아서 5:22-23).

나는 젊은이들이 조금이라도 시행착오를 적게 겪었으면 한다. 또

한 인생에 큰 오점을 남기지 않기를 바라는 마음뿐이다. 또한 꿈을 성취하고 가정에 기쁨이 되며 사회와 나라를 든든히 세우는 이들이 되기를 바란다. 혹 진짜 프로게이머로서 재능이 있다면 그 기회를 얻어야 하지 않을까?

만약 재능이 없다면 성실하게, 평범하게 사는 길도 가르쳐줘야 한다고 생각한다. 모든 사람이 1등이 될 순 없지만 모든 사람이 행복하게 살 수는 있다.

나의 고백은 늘 한결같다.

'나의 나 된 것은 오직 주의 은혜입니다.'

성장 과정을 이해하라!

"사람마다 환경은 다양하다. 이 환경은 사람의 성장에 중요한 역할을 한다.
보통사람을 게임 폐인으로 만드는 요인 중에 하나는 나쁜 환경에 있다."

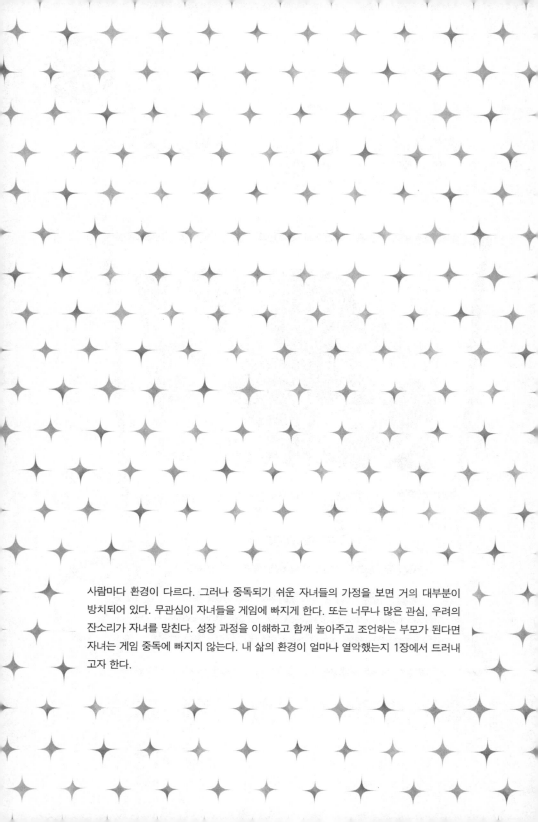

사람마다 환경이 다르다. 그러나 중독되기 쉬운 자녀들의 가정을 보면 거의 대부분이 방치되어 있다. 무관심이 자녀들을 게임에 빠지게 한다. 또는 너무나 많은 관심, 우려의 잔소리가 자녀를 망친다. 성장 과정을 이해하고 함께 놀아주고 조언하는 부모가 된다면 자녀는 게임 중독에 빠지지 않는다. 내 삶의 환경이 얼마나 열악했는지 1장에서 드러내고자 한다.

부모님의 사업

나는 남평문씨(南平文氏) 26대손의 외아들에 장손으로 태어났다.

나의 어머니는 갖가지 지병으로 늘 고생의 나날들을 보냈다. 돌이켜보면 내가 생각건대 우리 부모님은 안 해 본 장사가 없다.

4살 때로 기억되는데 부전시장에서의 옷가게, 8살 때는 구멍가게, 9살 때는 마늘 도매상, 수박 도매상, 광안리에서의 수영복 등 여름 물품을 파는 가게, 그리고 오락실 등이다. 옛날사진을 보면 다방, 쌀가게, 횟집 등도 하신 것으로 보인다. 이렇듯 갖가지 장사를 하며 먹고 살아 보겠노라고 발버둥치셨던 분들이다.

내가 기억하는 가게 중 으뜸은 오락실이었다.

나는 우리 동네에서 게임을 제일 잘하는 아이였다. 당연히 아버지가 오락실 사장이었기 때문이다.

아침에 학교 가기 전에 꼭 몇 판을 하고 갔다. 늘 모든 게임기의 게이머 리스트 1위에는 'MOON HEA RYONG'이라는 내 이름 석 자를 새겨 넣었다. 만약 그날 저녁에 게임기 중 하나에라도 다른 게이머 이름이 1위 자리에 있으면 그 다음 날 아침 내 이름 석 자를 다시 새겨 놓고 가는 것이 나의 중요한 일과였다. 마치 오늘날 게이머들이 새벽에 잠에서 깨자마자 스마트폰 게임으로 농장 정리부터 하는 것처럼……. 지인들에게 받은 하루 하트들을 적립하고 벼와 옥수수를 수확하고 나무 캐고, 1시간 뒤 판매된 금액을 걷고, 수확 시기를 안 놓치려 알람 설정하고 다시 잠을 청하듯이…….

또는 내가 올린 SNS에 댓글을 확인하고 '좋아요, 찜, 뿜, 이모티콘, ㅋㅋㅋ, ㅎㅎㅎ' 등을 눌러 주는 열성이랄까.

어쩌면 지금도 밤에 잠을 자려고 불을 끄고 침대에 누웠다가는 스마트폰을 한 번 더 켜서 모든 뉴스를 섭렵하고, 다시 한 번 나의 SNS를 확인하는 열정과도 상통하는 것일지도 모르겠다.

내 어린 시절보다 더 게임 환경에 노출된 오늘날 자녀들을 살펴보라

어머니의 지병으로 인한 부모님의 갈등

내 아버지는 자녀 교육상의 문제 때문이었는지, 아니면 돈이 안 되어 그랬는지는 모르겠지만 아무튼 내가 10살 때 오락실을 접었다. 그리고 우리 집은 고추방앗간을 시작했다. 그렇게 열심히 사는데도 우리 부모님은 날이면 날마다 끊임없이 싸웠다. 그러나 그때까

지만 하더라도 어린 나는 별반 상처가 되는 줄도 모른 채 시간은 흘러 청소년기를 맞았다.

부부가 행복하지 않으면 자녀는 불행하다.

내 어머니에게는 지병이 많았다. 1980년 내가 초등학교 1학년 때 시작된 어머니의 당뇨병은 와사풍에서 자궁암에 이르기까지 수많은 합병증을 불러 왔다. 그 당시만 해도 당뇨는 불치병에 가까운 중한 병이었다. 특히, 관리 소홀로 인해 유발되는 합증병이 무서웠다. 당뇨에 걸린 어머니는 늘 아프셨는데, 얼굴에 마스크를 벗는 날이 거의 없었다.

거기에다 내가 태어난 이후 수많은 사업 변경으로 점차 가계 부채가 늘어가자 아버지는 술로 밤을 보냈다. 어머니가 돌아가시기 전 마지막 가게였던 고추방앗간은 고된 일이라 새벽 5시부터 문을 열어 아침 준비를 하고는 손님을 맞이했다. 그리고 밤 10시 쯤 되어서야 문을 닫았다. 그 일을 거의 어머니 혼자 하셨는데, 지병이 있는 어머니에게는 무척 고된 일이었다. 그렇게 나의 어머니는 열심히 사셨다.

우리집은 고추방앗간 외에도 밑반찬과 채소, 야채 등을 팔았는데, 병든 어머니에게는 고된 일이었다. 갖가지 지병을 끌어안은 채 고역에 시달리는 어머니의 손은 마디마디마다 모두 갈라져 있었다. 마치 가뭄의 논바닥처럼 말이다. 손톱은 무좀까지 겹쳐 마치 흑성 바닥 같았다.

게다가 어머니의 자궁암으로 인해 부부간 갈등의 골은 점점 깊어져만 갔다. 거기에다 어머니는 와사풍으로 인해 입이 삐뚤어지게 되자 여자로서 자괴감마저 느끼셨던 것 같다.

그럼에도 불구하고 어머니는 매일 새벽이면 고추방앗간 문을 열었다. 지금까지의 빚을 청산할 수 있는 대박 사업이었고 하나 밖에 없는 아들인 나를 대학에 보내기 위해 열심히 일했다. 하루 평균 매상은 20만원 정도였다. 이 당시 매일 20만원의 수익은 현재로 치면 하루 100만원의 가치가 있었다고 해도 무방할 것이다. 거기에다 김장철과 같은 특별한 때면 하루 매상이 60만원 이상 오를 때도 있었다.

아버지의 꿈은 내가 서울대에 들어가는 것이었다. 아버지에게 있어 인생의 가치는 공부, 출세, 돈이 전부였기 때문이다.

무너진 가정과 나쁜 소문

어머니의 지병으로 인해 부모님의 관계는 악화일로를 달렸고, 밤마다 싸우며 질러대는 고함 소리가 동네방네 퍼져갔다. 급기야 나쁜 소문으로 번졌다. 밤이면 아버지는 술을 드시고 먼저 시비를 거신다.

"이혼하자!"

"그래 이혼해 주면 될 거 아니가!"

어머니의 답변은 내 심장을 찢어 놓는 듯했다. 어머니의 고통은 늘 커 가는 나에게 부정적 성향을 자극했다. 그로 인해 나는 불안하고 자신감이 사라지고 의욕도 사라져 갔다.

내가 중학교 1학년 때의 12월, 어머니는 생을 스스로 마감하고 말았다.

어머니의 죽음은 타살이라는 소문으로 퍼져갔다.

'아버지가 어머니를 밤에 두들겨 패 죽였다'라는 소문이었다.

동네의 어린 동생들조차 나에게 그렇게 말했을 정도였다. 그리고 동네 사람들은 더 이상 우리 가게의 물건을 사주지 않았다. 가게의 적자는 매월 쌓여만 갔다.

어머니가 돌아가셨을 때는 마냥 슬펐다. 그래서 하염없이 울기만 했다. 장례를 치르는 동안 이틀째 계속 울고 있는 나에게 아버지는 위로랍시고 이렇게 말했다.

"네 친엄마가 아니니까 너무 슬퍼하지 마라."

(쿵! 이게 무슨 말이지?)

결국 시간이 흐르면서 사실을 알게 되었다. 지금 생각하면 아버지의 처사는 참으로 나쁜 남편이요, 나쁜 아버지의 표본이었다.

나는 아버지의 첩에게서 태어난 집안의 장손이었다. 날 기르신 내 어머니는 딸 하나 외에는 아이를 가질 수 없었던 조강지처였다.

그런데 어느 날 아버지는 이 집안을 이을 후손이라며, 갓 젖을 땐 사내아이를 안고 집으로 들어왔다. 그때 내 이복누나의 나이는 16살이었다. 어느 시대 이야기인가 하고 의아해 하겠지만, 참으로 어처구니없는 이 일이 바로 40여 년 전에 우리 집안에서 벌어진 일이다.

자신의 몸에서 난 제 자식이 아님에도 불구하고 오로지 나만을 바라보며 고생하시고 인내하시던 내 어머니는 결국 가슴 아프게도 생을 마감함으로써 내 곁을 떠나갔다. 예수님도 알지 못한 채, 그렇게 공을 들인 아들의 효도도 한 번 받아보지 못한 채, 당신의 자녀들이 결혼해 낳은 6명의 손자, 손녀들도 한 번 안아보지도 못한 채, 그렇게 생을 접고 떠나갔다. 내 어머니를 생각할 때면 언제나 조금만 더 참고 기다려 주었더라면 하는 아쉬움과 함께 가슴 한 편이 아려온다.

어머니의 죽음은 내게 삶과 죽음이라는 막연하면서도 심오한 무언가를 마음이 아닌 몸으로 체감하게 했다. 사실 나는 그때 죽음이 뭔지 이해할 수 없었다. 그러나 시간이 흐를수록 어머니에 대한 달콤하면서도 아픈 기억들이 새록새록 가슴을 저며 왔다. 어머니의 음성, 숨결, 손길, 눈빛, 맛난 음식 등 그 동안 대수롭지 않게 여겼던 내 어머니의 흔적들이 나를 감싸면서 그리움에 목마르게 했다. 나는 그렇게 세월의 흐름 속에서 그리움과 외로움이라는 것을 몸으로 느끼기 시작했다.

나쁜 환경은 자녀들이 문제아임을 스스로 각인한다.

'불쌍한 내 어머니.'
'어머니, 나 때문에 많이 힘드셨죠?'
'나를 사랑으로 키워 주신 당신을 늘 추억합니다.'
어머니를 불행하게 만든 원흉이 나인 것 같아 늘 죄스러웠다.

아버지는 우리 어머니인 조강지처와 사별한지 3개월 만에 새장가를 들었다.
새 엄마라는 여자와 형이라는 남자가 들어왔다.
우리 집에 들어온 새 형과 새 엄마는 집에 있는 패물과 돈을 훔쳤는데 때로는 그 대가를 내가 치러야 할 때도 있었다.

새 엄마라는 분이 아버지에게 내가 훔쳐갔다고 고자질을 했기 때문이다. 나는 그때마다 목에 칼을 갖다 대며 누명을 벗으려고 애썼던 기억이 난다. 아버지는 또 술을 드시기 시작했다.

나는 나름 공부에 소질이 있는 듯 했다.

어머니가 돌아가시던 그해 내가 중학교 1학년 때의 성적표에 등수가 나왔는데, 첫 중간고사 때 반에서 21등을 했다. 이 당시 중학교의 한 반 학생 수는 60명 이상, 1학년만 13반까지 있었던 것으로 기억한다. 그리고 1학기 기말고사 때는 14등을 했다. 그리고 2학기 중간고사 때 7등을 하며 전교생을 100명씩 제치며 올라갔다.

초등학교 때는 공부를 잘 못했다.

받아쓰기에서 40점을 받아 올 때가 다반사였다. 그런데도 어머니는 늘 동네사람들에게 머리가 좋다고 자랑하곤 했다. 그러나 솔직히 나는 기초가 부족했다. 그런 나에게 열악한 교육환경까지 가세해 계속 치고 올라가기에는 한계가 있음에도 불구하고 나에 대한 아버지의 기대치는 높았다. 아버지의 기대치는 나에게 부담으로 작용했고, 늘 정체도 알 수 없는 불안에 시달렸다. 때문에 나의 청소년기는 늘 정서적으로 불안정한 상태였다.

나는 암울한 가정환경 속에서 중학교 2학년, 3학년을 보냈다. 성적은 반에서 10~20등 사이였으나 계속 내리 막을 달리고 있었다. 그때 나는 내가 열심히 안 해서 공부 못한다고 생각했다. 그러나 지금 생각해 보면 정말 열심히 했다. 그때의 열정은 내 인생에 두 번 다시 없었을 정도로 열심히 했다.

그러나 성적은 나오지 않았다. 집중력이 엄청나게 저하되어 있었다. 의욕만 있었지 내 영혼이 불안감과 상처로 얼룩져 있다는 것을 알지 못했다. 어떨 때는 타이밍 약이라고 불리는 각성제를 며칠씩 복용해 가며 1인 독서실에서 밤샘 공부를 하기도 했다. 하지만 성적은 20등 밖으로 밀려났다. 나는 성적 부진으로 인해 담임선생님 앞에서 울 정도였다.

이후로 나의 성적은 계속해서 하향곡선을 그렸다. 의욕 상실, 자신감 상실, 계획 부족 등으로 인해 인문계 고등학교를 통해 대학에 가고 싶은 마음은 완전히 사라졌다.

그 후 나는 여차여차 해서 인문계 고등학교를 가지 않고 공고를 선택했다. 특히 새 엄마와 새 형 때문에 부산기계공고 기숙사로 도피해야 했기 때문이다. 이들은 나를 좋아하지 않았다. 아버지는 나에게 좋은 대학에 가야 한다며 인문계 고등학교를 강요했지만, 내 고집을 꺾지는 못 했다. 공부도 하기 싫었다.

나는 그 당시 방법을 몰라 좌충우돌 부대끼며, 인생의 첫 단추를 스스로 잘못 꿰어버린 내 자신에게 측은함을 느낀다. 그래서 지금의 나는 그때의 나에게 찾아가서 위로하고 코치해 주고 싶다. 지금 부모가 된 나는 내 인생에서 그때가 가장 안타깝다. 이때부터 인생이 꼬이기 시작했기 때문이다.

내가 부산기계공고를 다니던 고2 때, 태어나서 처음으로 친구를 따라 교회 여름수련회를 갔다. 그런데 수련회를 마치고 돌아온 나는 새 엄마로부터 청천벽력 같은 소식을 들었다.

"네 아빠가 더 이상 살 수 없단다. 의사가 간암 말기래."

그해 말 겨울, 아버지는 어머니의 기일에 내가 마지막으로 준비해 드리는 제사를 보시고는 눈을 뜬 채로 세상을 떠나셨다. 어머니와 사별한 후 4년만의 일이었다. 비록 썩 좋은 아버지는 아니었지만 아버지마저 나를 떠났다. 그렇게 나는 철저히 혼자가 되었다.

아버지는 내가 부산기계공고에 다닐 당시 빚더미에 앉아 어려운 형편이었음에도 불구하고 새 엄마 몰래 늘 내 손에 용돈을 쥐어주었다. 나중에 알게 된 사실이지만 그것은 아버지의 병원치료비와 약값이었다. 당신의 마지막 사랑을 그렇게 용돈으로 표현하셨다.

새 엄마와 새 형은 고추방앗간을 팔고 빚을 청산한 후 남은 돈과 전세금을 가지고 떠났다. 내 손에 쥐어진 돈은 80만원이 고작이었다.

나는 80만원과 보따리 2개만을 쥔 채 이 세상에서 혼자가 되었다. 난 이제 고아였다. 그나마 위로로 삼을 것이 있다면 성인이 될 날이 얼마 남지 않았다는 것이었다.

주님은 "내가 너(희)를 고아와 같이 버려두지 아니하고"(요한복음 14:18)라고 말씀하셨지만 그때는 그 뜻을 몰랐다.

아버지 마저 떠나보낸 후

단돈 80만 원을 유산으로 남기고 아버지가 돌아가신 후 나는 갈 곳이 없었다. 그래서 해운대 부산기계공고 학교 후문에 있는 독서실에 한 달 치를 예약했다. 독서실에서 공부하는 척하면서 그곳을 숙소로 이용했다. 이때는 시험기간이 아니라서 독서실을 이용하는 학생도 별로 없었다. 밤이면 의자를 모아 놓고 잤다. 등도 많이 시리고 추웠다. 무엇보다 의자에 등이 배겼다. 지금 생각하면 침낭이라도 하나 사다 두고 자는 건데…….

독서실에서 지내면서 남은 돈을 들고 남포동 국제시장으로 갔다.
처음 만져보는 목돈인지라 앞뒤 생각할 것도 없이 33만 원이라는 거금을 주고 평소 가져보지 못한 소니 미니카세트를 덜렁 샀다. 경제관념도 없고 세상 물정도 모르던 터라 에누리도 없이 최고급 형으로 샀다. 배터리도 하나 더 샀다. 그 당시 소형 카세트는 오늘날 스마트폰만큼이나 인기 있는 제품이었다.

지금 생각하면 정말 철없고 관념도 없는 나였다. 값비싼 소니카세트를 살 생각은 했어도, 당장 편안한 잠자리가 될 침낭은 살 생각도 못하던 철부지였다. 그런데 이러한 청소년기의 경험과 그것을 되돌아보는 지금의 성찰이 어쩌면 이 책을 쓰면서 눈높이를 낮추고 청소년을 이해할 수 있도록 하는 소중한 재산이 아닐까 한다.
이제 카세트도 샀으니 남은 건 폼 나게 음악을 들을 수 있는 카세트테이프만 사면 된다. 그래서 남포동 영화골목으로 달려가 신승훈의 '미소 속에 비친 그대'가 들어있는 카세트테이프를 샀다.

나는 나의 외로움을 노래로 달래 보려 했다. 그러나 외로움은 더욱 사무쳐만 갔다. 내 속에 상처로 생긴 견고한 진들이 점점 내 인생 전체를 휘감고 나를 조여 오는 줄 모르고 있었다.

그 다음 해에 나온 신승훈의 '보이지 않는 사랑'은 완전히 나를 외로움의 구렁텅이로 몰아넣었다. 이어폰을 타고 흘러드는 유행가의 가사와 선율은 내 몸과 영혼을 장악해 들어갔다.

[보이지 않는 사랑 – 신승훈]

♫이히 리베 디히~(당신을 사랑합니다. 독일어)

♫사랑해선 안 될 게 너무 많아
그래서 더욱 슬퍼지는 것 같아
그중에서 가장 슬픈 건
날 사랑하지 않는 그대

♫하지만 나 이렇게 슬프게 우는 건
내일이면 찾아올 그리움 때문일 거야

솔직히 지금 생각해 보면 노래가사랑 나랑은 아무런 상관이 없었다. 그러나 나는 이 노래에 푹 빠져들었다. 청소년기의 감성이란 것은 이런 것인가 보다. 그러나 노래에 빠져들수록 그 가사와 선율은 나를 더 힘들게 할 뿐이었다. 더 외롭게 했다. 미칠 것 같았다. 그러나 나는 스스로 그 외로움에 몸을 맡긴 채 밤새도록 듣고 또 들었다.

아마도 청소년의 탈선은 이런 감정에서 시작되는 듯하다. 외로운데, 누군가를 만나고 싶은데, 아무도 자신의 감정을 이해해 주지는 못한다. 가지고 싶은 것은 많은데, 사랑도 하고 싶은데, 아무것도 할 수 없다는 생각이 들면 무기력해진다.

'될 대로 되라지.'

자포자기하며 자신의 의지를 스스로 꺾어버린다.

남포동 밤거리를 걸었다.

밤은 점점 깊어가고 난 갈 곳이 없었다.

집에 가고 싶은데……. 집이 없었다.

독서실? 집은 아니었다.

나의 착각

부모님이 돌아가신 후에 내가 착각하고 있는 것이 하나 있었다.

'아! 드디어 나는 자유인이구나. 더 이상 부모의 간섭을 받지 않고 내 마음대로 살 수 있구나.'

그런 생각을 하면서 앞으로 내가 감당해야 할 외롭고 고통스런 나날들은 생각지도 못했다. 그래서 PC방에서 마음껏 게임하며 2여 년을 보냈다. 당시 나의 위험한 착각은 바로 '내가 이제 부모의 간섭을 받지 않아도 되는구나'라는 것이었다.

어쩌면 이 착각 때문에 방탕하게 20대를 보냈는지도 모른다. 부모로부터 훈육을 받지 않고, 바른 생활습관도 몸에 배여 있지 않은 나의 탈선은 내 인생에 엄청난 파장을 남겼다. 내가 얼마나 어리석은 자이며, 내가 한 행위가 얼마나 무모했는지는 엄청난 시행착오를 겪은 끝에야 비로소 깨닫게 되었다.

나쁜 환경 + 나를 통제해 주는 부모가 없는 삶이 미래가 없는 삶이라는 사실을 고아가 된지 15년이 흘러 성경을 읽는 가운데 깨달았다. 하나님은 부모의 가르침이 중요함을 말씀하고 있다.

"내 아들아 네 아비의 훈계를 들으며 네 어미의 법을 떠나지 말며"(잠언 4:1).

"아비의 훈계를 업신여기는 자는 미련한 자요 경계를 받는 자는 슬기를 얻을 자니라"(잠언 15:5).

그리고 왜 부모들이 고아로 자란 사람과의 결혼을 허락하지 않으려하는지에 대한 이유도 내가 부모가 되어서야 이해하게 되었다. 내 어릴 적 충격은 성인이 된 현재의 '나'에게도 무섭게 영향을 끼치고 있다.

아직 미성숙한 청소년 시기의 질풍노도는 걷잡을 수 없는 절망과 패배주의를 내게 안겨 주었다. 그로 인해 나는 나의 에너지를 쏟아 부을 곳이 필요했다.

그때 눈길을 돌린 곳이 바로 온라인 게임이었다.

어느 누구도 나에게 성실히, 바르게, 착하게 사는 삶의 아름다움에 대해 보여주거나 가르쳐 주는 멘토가 되어주지 않았다. 세상에서 제일 중요한 교육인데도…….

그저 서울대 법대, 돈, 권력, 인기……. 내가 나의 아버지로부터 받은 삶에 대한 교육은 그것이 다였다. 나의 아버지는 그것을 최고의 교육으로 여기셨다.

사람의 인격 형성에는 유전적인 영향도 중요하지만, 환경의 영향이 아주 크다. 특히 어린 시절에 아빠, 엄마와 맺은 애착관계의 정도는 그 영향이 평생 간다고 해도 과언이 아니다. 저자는 자신의 어린 시절을 돌아보면서 자기가 게임에 중독되었던 것이 가정환경의 영향이 컸음을 말하고 있다. 부모를 중심으로 한 가정환경과 그 환경에서 성장한 배경을 이해하는 것이 게임 중독자를 돕기 위한 기초임을 말하고 있다.

자신감을 갖게 하라!

"꿈이 없는 사람은 중독으로 빠져들기 쉽다.
꿈을 꾸고 자신감을 가진 아이로 키우라."

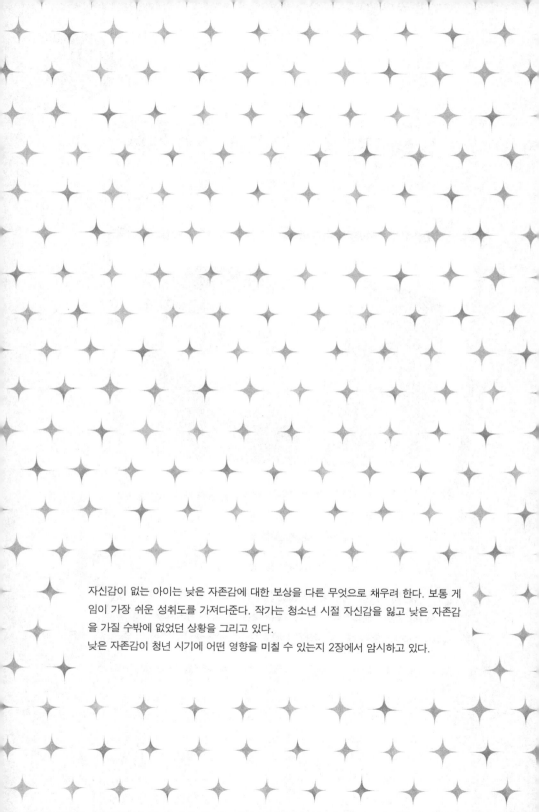

자신감이 없는 아이는 낮은 자존감에 대한 보상을 다른 무엇으로 채우려 한다. 보통 게임이 가장 쉬운 성취도를 가져다준다. 작가는 청소년 시절 자신감을 잃고 낮은 자존감을 가질 수밖에 없었던 상황을 그리고 있다.
낮은 자존감이 청년 시기에 어떤 영향을 미칠 수 있는지 2장에서 암시하고 있다.

키 작은 넘, 공부 못하는 넘, 순진한 넘

나는 착하게 살았다. 열악한 환경이었지만 삐뚤어진 구석은 없었다. 고등학교 다닐 때도 공부는 못했지만 순진한 학생이었다. 게다가 나는 키가 매우 작았다. 고등학교 때 키가 150cm도 안 됐다.

그러는 중에 1991년 부산기계공고 3학년, 7월에 취직했다.

월급 40만원을 받으며 열심히 일했다. 아버지가 돌아가시기 전 나에게 남긴 몇몇 문장들이 있다. 아버지의 유언인 셈이다. 그중에 하나다.

"해룡아, 꼭 대학가야 한다."

나는 아버지의 유언을 이루기 위해 낮에는 공장을 다니고 저녁에는 학원을 다녔다. 그러나 이미 내 속 깊이 패배주의적 성향이 자리 잡고 있었기에 얼마 가지 못했다. 결국 3년 동안 대학 학력고사 원서만 쓰고 매년 시험을 포기 했다.

그러다 수능 제도로 바뀌었다. 1회 수능도 포기했다. 그 당시 수능은 초창기라 허술한 점이 많았다. 그때는 1년에 2번씩 시험의 기회가 있었다. 하지만 이런 저런 핑계만 있을 뿐이었다.

'시험 치면 뭐해. 성적이 안 나올 것을……'
'내신도 개판인데……'

뼈 속 깊이 자리한 패배주의

늘 도전보다 포기가 앞섰던 것은 아마도 좋지 못한 가정환경으로 인해 생겨난 패배주의 성향 때문이었던 것 같다. 그런데 이 상황을 내 힘으로 벗어날 수가 없었다. 의지도 약했지만 내 앞을 가로막아 선 거인 골리앗 같은 장벽을 뛰어넘을 수가 없어 그 앞에서 늘 머리를 떨구고 말았다. 견고한 거인 골리앗이 내 앞에 서서 외쳤다.

"넌 아무것도 할 수 없는 하룻강아지다."

고등학교 때 성적은 늘 뒤에서 놀았다. 아무리 발버둥을 쳐도 짧은 다리로 발만 동동거리지 어떻게 할 수 없었다. 난 성격이 급했고, 착하지만 성실성이나 인내력이 아주 부족했다. 그러나 의욕만큼은 누구 못지 않았다. 하지만 내 힘으로는 어떻게 해 볼 길조차 없다는 좌절이 거듭되자 의욕마저 꺾였다. 급기야는 자신감을 잃고 말았다. 내게 넘쳐났던 의욕과 자신감은 모두 사라지고 그 속에 외로움만 남았다.

지금 생각해보면 청소년 시기에 제일 중요한 것은 의욕과 자신감인 것 같다. 그 의욕과 자신감에 보태어 갖춰야 할 능력은 성실함과 끝까지 해보고자 하는 의지라 할 수 있다. 그리고 1만 번의 법칙처럼 반복 끝에 뭔가 하나를 터득하게 된다. 젊은 시절 성실과 인내를 배우지 못하면 결국 별 볼일 없는 사람이 되고 마는 것 같다.

성공적인 삶을 사는 사람들을 가만히 살펴보면, 그들에게는 성공하는 사람의 필수적인 요소인 성실과 인내를 발견하게 된다. 그런데 나는 그 성실과 인내를 배우지 못한 채 청소년 시기를 끝내고 성인기로 접어들기 시작했다.

감당하기 힘든 장벽 앞에서 허덕이던 내 학창시절은 결국 의욕과 자신감을 잃고 무기력만 끌어안은 채 끝났다.

그리고 20대에 내 속에는 패배주의 성향이 이미 자리 잡기 시작해 '해서 뭐하나' 식의 사고로 바뀌었다.

나는 자포자기의 삶을 살기 시작했다.

나를 재확인한 징병검사와 루저

나는 키가 반에서 제일 작았다.

키 작기로는 단연 1등이었다. 초등학교 시절부터 고등학교 때까지 한 번도 2등을 해 본 적이 없다. 초등학교 1학년 때는 등에 붙은 가방이 나보다 더 컸다. 그래서 뒤에서 형들이 '가방이 걸어간다'라고 놀리기도 했다.

아마도 가방에 가려 머리와 발만 보였었나 보다.

그 모습을 뒤에서 보기 위해 등교하던 애들이 내 뒤로 와서 구경했다. 그래서 어릴 때의 내 별명은 땅콩이었다.

나는 키가 작아서 초등학교 때부터 마음에 상처를 받았다. 힘도 없었고, 날 보호해 줄 부모도 세상을 떠났고, 돈도 없었다. 아무것도 없었다.

20살이 되자 징병검사를 받았다.

160cm 이상만 되어도 5등급이었는데, 154cm, 난쟁이 수치로 나왔다.

결국 나중에는 내가 스스로 장애자라고 생각했다.

얼마 전 TV 프로그램에서 어떤 미녀가 키작은 남자를 보고 '루저'(loser)라고 외쳤다. 그 말을 지금이 아닌 패배주의에 찌들어 있던 이 시절에 들었다면 나는 아마 자살했을 지도 모른다.

아버지가 그립습니다

어릴 때 나는 부족함을 몰랐다. 왜냐하면 나에게는 부모님이 계셨기 때문이다. 나를 알고 이해해주는 부모님! 그 아버지는 늘 좋은 대학만 나오면 모든 것을 극복할 수 있다고 하셨다. 나는 아버지가 중요한 존재라는 사실도 깨닫지 못한 채 혼자가 되어 20대를 방종으로 보내고 있었다.

비록 좋은 아버지는 못 됐지만 그래도 아버지가 필요하다는 것을 20살 때 공장에 다니면서 처음으로 느꼈다. 특히 사회생활을 시작하자 뼈저리게 느끼게 되었다. 사회생활의 고통에 대한 경험을 이야기 해 주거나 나의 심정을 헤아려 줄 그 누군가가 절실히 필요했던 것이다. 이런 나의 절실한 마음을 보듬어줄 사람이 아버지요, 진정한 멘토가 되어줄 것이라는 생각이 들었다. 그러자 느닷없이 아버지가 그리워지기 시작했다.

당신에게 육신의 아버지가 계시다면 그 자체로 당신은 행운아다.

당신의 아버지가 어떤 사람이라 할지라도 당신을 사랑하는 마음이 있다면 그분이 최고의 멘토다. 그리고 만약 육신의 아버지 외에 그런 분을 만났다면 당신은 행운아 중의 행운아다. 왜냐하면 당신은 진정한 멘토를 만났기 때문이다. 나는 만나지를 못했다.

나는 지금 간절히 나를 원하는 5명의 아버지이자 진정한 멘토이고 싶다.

첫 직장

나의 첫 직장은 사상공단에 있는 S알루미늄 사출 공장이었다.

나는 특별히 오후 3시에 퇴근하며 봉급을 받을 수 있었다. 기계공고생이라는 특권이 작용했다. 대신 월급을 100% 받는 것은 아니고 수당도 없었다.

그 공장에는 장애인들이 많이 있었는데 대부분이 농아들이었다. 수화로 대화하는 그들은 나를 싫어했다. 왜냐하면 3시에 퇴근하면서 봉급을 받았기 때문이다.

사상에서 양정까지 학원을 다니며 밤늦게까지 공부하다 공장 기숙사로 돌아오면 밤 12시가 되었다. 다음날이면 엄청 피곤해 졸기 일쑤였다. 실습복을 입고 작업을 했는데, 얼마나 더웠던지 며칠만 지나면 검정색 작업복이 허연색으로 바뀌어 갔다. 그 허연 것은 땀이 증발하고 남은 소금이었다. 얼마나 많은 땀을 흘렸는지 빨래를 한 후 3일이 지나면 허연색이 또 묻어났다.

그 사출 공장에는 800도가 넘는 도가니가 있었는데, 알루미늄 덩어리를 녹이는 곳이었다. 그래서 여름이면 공장 내부는 40도가 넘어갔다. 뿐만 아니라 팔목 토시를 끼지 않으면 팔뚝에 화상을 입기

> 육신의 아버지는
> 세상 그 어떤 멘토보다
> 더 좋은 스승이
> 될 수 있다.

일쑤였다. 하루에 두세 군데 화상을 입는 것은 다반사였고, 진물이 나기도 했다. 처음 일주일 동안은 하루에 10여 군데를 데였다.

주경야독으로 지친 나는 결국 일하다 졸게 되어 불량을 내는 주범이 되었다. 그래서 농아들은 나를 더욱 싫어했다. 결국 여러 명에게 집단으로 두들겨 맞았다. 일명 '모다구리'라는 것이다.

그들의 수화를 알아들을 수는 없었지만, 아마도 "너 때문에 제품이 불량 났다"라는 말이었을 것이다. 사회생활의 첫 서러움이었다.

'아버지, 보고 싶습니다.'

나는 처음으로 아버지를 그리며 눈물을 흘렸다.

교회란 곳의 첫 인상

내가 처음 교회를 접하게 된 것은 고2 때 친구를 따라 DS교회 수련회에 참석하면서부터다. 수련회에 가면 예쁜 여자 친구들도 많다는 말에 따라 갔다.

DS교회에 다니는 동안 친구들을 보면서 가장 부러웠던 것은 그들의 자신감이었다. 이성 앞이든, 어른 앞이든, 선배 앞이든, 그들의 말과 행동에는 자신감과 여유가 있었다. 어떤 이들은 거침없는 유머로 사람들을 웃기기도 했다. 자유로워 보였다. 그러나 나는 소외감과 열등감, 그리고 부끄러움으로 인해 루저였다. 그들의 자신감의 근원은 어디로부터 나오는 걸까 궁금했다.

특히 모태신앙인 친구들은 뭔가 달라 보였다. 그들은 안정적이고 부드럽고 여유가 있으며, 대인 관계에서도 앞서 나갔다. 물론 그들 중에도 비교 대상을 자신보다 월등한 교회 친구들로 잡는 바람에 자괴감에 빠져 자신에게 실망하며 힘들어하는 애들도 있었다. 하지만 교회에 처음 나간 내가 보기에는 모두 대단해 보였다. 노래면 노래, 운동이면 운동, 기타면 기타(guitar), 드럼, 신디사이저, 피아노……. 어떤 여자 애들은 탬버린 흔드는 것조차 아름답고 멋있어 보였다. 무엇보다 어떤 근거에서 나오는지 모를 그들의 자신감이 나를 부럽게 만들었다.

그것이 교회를 다니게 된 첫 동기가 되었다.

'그래서 여자들은 교회 오빠를 좋아하나보다.'

'그래서 남자들은 교회 누나를 좋아하나보다.'

또 한 가지 빼 놓을 수 없는 것은 그들의 부모였다.

얼마나 든든해 보이는지……. 나는 그들의 부모를 안다는 것 자체로 행복했다. 어쩌다 그들의 집에 가게 되어도 기분이 좋았다. 그런데 문제는 모태신앙인 그 친구들은 자기 부모의 가치를 잘 모른다는 데 있었다. 내가 보기에 '엄친아, 엄친딸'은 모두 교회에 모여 있는 것 같았다.

처음으로 친구를 따라간 교회 여름수련회 때 내 생일이 끼어 있었다. 축하해 준다며 케익과 선물을 준비해서 모두가 모닥불 앞으로 모였다. 나는 나를 위한 축하인 줄 알았다. 착각이었다. 나를 위한 생일잔치가 아니었다. 생년월일이 똑같은 동기 여학생을 위한 것이었다.

누구를 위한 생일잔치인가는 별 의미도 없어지고, 그 당시 나로서는 그녀와의 만남이 마치 운명적인 만남 같았다. 난 바로 그녀에게 끌렸다. 그때 모닥불을 피워 놓고 불러준 생일축가를 지금도 잊을 수 없다.

하나님 아버지를 찾다

아버지 마저 떠난 후 혼자가 되었을 때, 거리를 방황하고 있을 때였다. 나는 귀에 이어폰을 꽂은 채 음악을 들으며 여기저기를 걸어다녔다. 그러던 어느 날 음악을 들으며 발길이 닿은 대로 가다보니, 어느덧 처음 친구를 따라 갔던 DS교회 앞에 도착해 있었다.

카세트를 끄고 교회 문을 열고 들어갔다. 아무도 없었다. 낡고 오래된, 길쭉한 사각형 모양의 오래된 예배당이었다. 불은 다 꺼져 있었다. 어두웠다. 문을 열고 들어간 본당 뒤쪽 창가 쪽으로만 가로등 불빛이 겨우 새어들어 올 뿐이었다. 그 곳에 앉았다.

그냥 그렇게 마냥 앉아만 있었다.

몇 분이, 몇 시간이 흘렀는지는 모른다.

알 수 없는 서러움이 북받쳐 올라왔다.

억누를 수 없는 무언가가 내 속 깊은 곳에서 솟구쳤다.

왜 그리도 서러운지…….

왜 그리도 세상이 무서운지…….

돌아가신 아버지의 두 번째 유언이 기억났다.

그래서 더 소리 내어 울 수밖에 없었다.

"해룡아, 세상에 믿을 수 있는 사람은 아무도 없다. 너를 두고 가니 걱정이로구나!"

그 날 밤 엄마의 제사를 끝내고 나는 아버지 가냘픈 숨소리를 들으며 기말고사 준비 중이었고, 아버지는 나에게 이 마지막 유언을 남기고는 나를 바라보며 눈도 감지 못한 채 숨을 거두셨다. 나는 아버지의 그 마지막 모습을 평생 잊을 수가 없다. 지금도 내 눈가에 뜨거운 무언가가 흘러내린다.

'아버지…… 아버지…… 아버지…….'

그때 나는 처음으로 하나님을 '아버지'라고 고백하는 자가 되었다. 내 육신의 아버지를 한없이 불렀지만, 돌아가신 아버지는 아무 대답이 없었다. 그래서 하나님 아버지를 찾았다.

육신의 아버지를 잃고 영의 아버지를 찾다.

나는 물었다.

'하나님 아버지, 이제 제가 어떻게 해야 하나요?'

지금도 나는 그때 사심 없이 드렸던 내 첫 기도를 기억한다.

'하나님 이제 제가 어떻게 해야 하나요? 누구를 의지하고 살아야 하나요? 어디로 가야 하나요? 외롭고 무섭습니다. 돌아가신 아버지가 보고 싶습니다.'

그렇게 몇 시간을 앉아 울다가 다시 마음을 잡고 교회 문을 열고 나섰다. 그때 어떤 아주머니 한분이 교회로 들어오셨다. 지금 생각해보면 집사님인 듯하다. 아마도 밤에 혼자 기도하러 교회에 오셨던 분인 것 같다. 그 아주머니는 나에게 말했다.

"수련회 안 갔네? 새로 부임한 전도사님이 애들이랑 어제부터 수련회 갔는데……."

나는 무작정 그 아주머니가 알려준 대로 버스를 타고 수련회 장소인 부산 K교회로 갔다.

　친구들은 나를 보더니 모두들 반갑게 맞아 주었다. 겨우 몇 번 본 친구들인데도 불구하고 그들은 나를 기쁘게 맞아 주었다. 그리고 새로 부임한 전도사님도 나를 맞아 주었다. 그리고 그 전도사님은 나를 개인적으로 데리고 한적한 곳으로 갔다. 그리고 나를 위해 기도해 주었다.

　전도사님도 친구들을 통해 우리 집에 일어난 일들에 대해 알고 계신 듯했다. 나보고 "지금 어디서 살고 있냐?"고 물었다. 독서실에 짐을 풀었다고 솔직히 말했다. 개인적인 사정을 몇 가지를 더 묻고 난 후, 전도사님은 나에게 중요한 질문 한 가지를 했다.

　"해룡아, 하나님을 믿니?"

　내가 하나님을 믿게 된 것은 DS교회를 다니며 봉사하기 시작하면서 부터다.

나는 어린 나이, 청년 시절 교회학교 교사를 맡았다. 그리고 교사 강습회를 다녔다. 나는 이곳에서 주를 섬기는 것이 무엇인지 알게 되었고 예수님을 구세주로 영접해 구원의 확신을 갖게 되었다. 그리고 유명한 목사님들의 강의 테이프를 듣기 시작했다. 특히 김동호 목사님의 강의는 수십 번씩 들었다. 이러한 강의식 설교를 통해 나는 이전에 들을 수 없었던 삶의 가치관을 서서히 정립하기 시작했다. 믿음은 들음에서 나는 것이다.

나는 그때 하나님 외에 의지할 데가 없었다.

"네."(하나님을 믿어요.)

아마도 나의 이 고백은 성령의 인도하심인 듯하다.

"그러면 해룡아, 내가 3월 달부터 송도에서 자취를 하는데 같이 살자. 내가 너를 좀 돕고 싶구나."

전도사님은 나를 도와주기로 작정하신 것이다.

내가 외로움 속에 하나님을 찾았을 때, 그분은 고아 같은 나를 외면하지 않으셨다.

"이는 부르짖는 빈민과 도와 줄 자 없는 고아를 내가 건졌음이라"(욥기 29:12)는 말씀이 떠오른다.

그날 밤 수련회에 참석하기는 했지만, 지금 생각해 보면 수련회 장소만 기억날 뿐 내용은 하나도 기억나지 않는다. 부산에서 유명한 K교회였는데, 새로 건축을 했고 수련회는 처음 열었던 정도로 기억할 뿐이다.

그때 하나님께서는 나의 기도를 들으시고 사람들을 통해 내 눈물의 기도에 응답하셨다.

지금 생각해 보면 그들은 마치 천사 같았다. 하나님이 나를 위해 보내신 천사였다는 생각이 든다. 하나님은 내가 기도한지 한 시간여 만에 세상에서 혼자였던 나에게 사람들을 보내주신 것이다. 오늘 내가 이 자리에 있게 된 것은 그때 그들이 내게 베풀어준 사랑 덕분이다.

"하나님을 가까이 하라 그리하면 너(희)를 가까이 하시리라"(야고보서 4:8).

어머니가 돌아가신 중학교 1학년 12월부터 내 삶에 불어 닥친 매서운 칼바람은 내 청소년기와 청년기의 18년 가까운 세월을 꽁꽁 얼어붙게 했다. 여름이 와도 춥고, 가을이 오는가 하면 벌써 겨울이었고, 봄이 되어도 여전히 추운 겨울뿐이었다.

나는 이 차디찬 겨울을 극복하려고 발버둥을 쳤다. 직장을 여러 번 옮겨 다녔다. 학원, 오토바이 택배, 학습지 영업활동, 보험회사……. 마치 내 부모님이 가게 바꾸듯 바꾸어 보았지만 되는 일이 없었다. 어느 누구하나 나를 붙들어 주거나, 훈계해 주거나, 코치를 해 주는 사람이 없었다. 난 그저 잔소리꾼이 없는 무한한 자유를 만끽하며, 말 그대로 방종하며 살고 있었다. 그렇게 10년의 세월이 지나가고 있었다.

"… 지혜로 행하여 세월을 아끼라"(골로새서 4:5)는 말씀이 기억난다.

내게 삶의 목표(비전)가 있었다면 잘못된 생각으로 시간을 낭비하지 않았을 것이다. 그리고 자신감을 가지고 어려움을 극복해 나가는 원동력이 됐을 것이다.

그때의 후유증이 성인이 된 지금도 삶에 나쁜 영향력을 끼칠 때
가 많이 있다.

자신감은 주제 넘는 자만심과는 다르다. 그렇다고 '긍정의 힘' 같은
것도 아니다. '자신감'은 영적인 의미에서 '솟아나는 샘물' 같은 것이
다. 고인 웅덩이의 물이 아닌 솟아나는 샘물! 이것은 어느 날 갑자기
생기지 않는다. 저자는 자신 속에 있었던 '루저'와 같은 패배주의의 그
림자를 돌아보면서 세상이 줄 수 없는 하나님을 갈망하며 찾았고, 만났
고, 자신감을 회복했다. 그래서 교만이나 자만심이 아닌 자신감(자존
감)을 갖는 것이 중요함을 말한다. 사람이 자신감을 잃어버리면 꿈도
허망하게 되므로 다른 것에 빠져 인생을 낭비하게 된다. 신앙 안에 자
존감을 찾을 수 있다.

하나님께서
도우심을 믿어라!

"중요한 시기에 게임에 빠지는 것은 크나큰 손실을 가져온다.
그러나 말씀과 기도로 하나님을 가까이 하라.
그를 만나게 될 것이다."

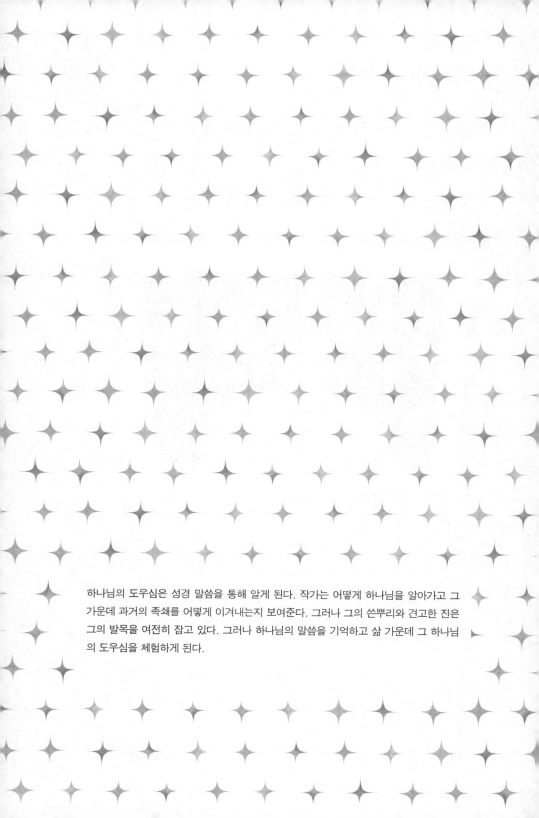

하나님의 도우심은 성경 말씀을 통해 알게 된다. 작가는 어떻게 하나님을 알아가고 그 가운데 과거의 족쇄를 어떻게 이겨내는지 보여준다. 그러나 그의 쓴뿌리와 견고한 진은 그의 발목을 여전히 잡고 있다. 그러나 하나님의 말씀을 기억하고 삶 가운데 그 하나님 의 도우심을 체험하게 된다.

주일학교 교사

나는 교회를 다니면서 21살 때부터 주일학교 교사를 했다.

처음에는 초등학교 1학년을 맡았다. 그리고 그 다음해에는 5학년을 맡아 열심히 봉사했다. 그리고 22살 때는 대학입시를 준비했다. 이 당시는 학력고사가 흔히 '수능'이라 불리는 '대학수학능력시험'으로 바뀌던 시절이었다. 대학입시 시험 방식이 바뀌다보니 공고를 나온 나에게 걸림돌이 많았다. 게다가 공고를 다니던 3년 동안 인문 사회 과목은 주 2회 밖에 수업을 받지 못해 점점 대학이 까마득하게 멀어져가는 느낌이었다.

그나마 나에게 큰 힘을 주는 곳이 있었는데 바로 교회였다.

천진난만한 어린이들을 돌보며, 가르치며, 섬기는 일은 나에게 큰 위로와 희망이 되었다. 그렇다고 깊은 신앙이 있었던 것은 아니다. 답답함에 담배를 슬슬 배워 갔고, 밤에는 세상 친구들을 만나 맥주를 마셔댔다.

참으로 많은 고뇌와 방황을 했던 시절이었다. 이런 내가 교사를 했다니, 지금 생각하면 참 어처구니가 없는 주일학교 교사였다는 생각이 든다. 그럼에도 불구하고 기쁨과 감사로 섬긴 교회 봉사로 말미암아 교회 선생님들과 학부모들로부터 칭찬을 많이 받았다. 지금도 그들은 나를 좋은 교사로 인정하며, 또 목사로 초빙까지 해주고 있으니 부끄럽기 그지없고 감사할 따름이다. 또한 그때 자녀를 맡긴 부모님들께 머리 숙여 사죄드리고 싶다.

공장을 그만둔 나는 22살 때부터 흔히 '투잡'이라고 말하는 겹벌이를 했었는데, 낮에는 오토바이 택배를 하고, 저녁에는 국영수 과외선생을 했다. 그 당시 교회에서 나름 인정을 받다보니 학생 수가 많아져 후배 여대생과 함께 과외를 했다.

> 세상에 공짜는 없다.
> 남이 주는 것을
> 쉽게 받으려 하지 마라!

가정교사의 시작

과외를 하면서 가정교사로 추천을 받았다.

사실 남의 집에 들어간다는 것은 쉬운 일이 아니었다. 서로에게 상처를 남길 수 있는 일이다. 그래서 처음에는 거절했다. 그러나 당시 함께 자취하던 친구와의 갈등이 깊어져 어쩔 수 없이 자취방을 나와야했다. 결국 우여곡절 끝에 한 가정의 가정교사로 들어갔다.

나는 아직 대학생도 아니었지만 교회 집사님이자 교회학교 우리 반 학생의 학부형이었던 그분이 나를 좋게 봐 주어 그분 집 옥상에 옥탑방을 지어 방 하나를 무료로 내주었다. 그 당시는 연탄보일러를 많이 쓰던 시절인데, 이 옥탑방에 기름보일러를 놓아 주었다. 다시 한번 그분께 정말 감사하다는 말과 함께, 더 잘 섬기지 못해 송구스럽다는 말을 전하고 싶다.

내가 과외를 맡은 교회 집사님의 아들은 중3 남자학생이었다. 그런데 공부와는 이미 담을 쌓은 상태였고, 인성과 성실성을 가르쳐야 하는데 도대체가 말을 잘 듣지 않았다. 그래서 고민하다 내가 추천한 것이 컴퓨터를 배울 수 있도록 해주자는 것이었다. 나는 그의 부모에게 컴퓨터 구매할 것을 요청했다. 그리고 당시 300만원 가까이 되는 거금을 들여 S사의 컴퓨터를 구매했다.

그래서 그는 1995년에 최신형 486PC를 소유하게 되었다.

문제는 이 컴퓨터를 사서 요긴하게 활용할 수 있는 것이 별로 없다는 것이다. 기껏해야 수십 장의 F디스크로 된 게임을 구해서 자신의 컴퓨터에 깔고 작동시키는 정도였다. 그리고 이를 위해 잡다한 프로그램을 써서 구동하는 일 외에는 특별한 컴퓨터 기술이 없던 시절이었다. 조립하는 기술을 터득할 수도 없었다.

열의가 앞서 무모한 투자를 권한 것이다. 나는 나중에서야 이 사실을 깨닫게 되었다. 300만 원짜리 고가의 컴퓨터를 가지고 열심히 가르친 것은 워드, 고장수리, 안 되는 게임을 플로피 디스크에 담아 와서 되도록 만드는 실력 정도가 전부였다.

무작정 최신형 컴퓨터, 최신형 스마트 폰을 구하지 말라!

어느 날 이 녀석이 삼국지 영걸전을 구해 와서는 재미있다며 내 방에서 주야장천 게임만 하는 것이다. 솔직히 나는 관심이 없었다. 그러나 이 녀석의 말 한마디가 내 염장을 질렀다.

"쌤은 공부만 해서 이런 건 어려워서 못 할 걸요. 교회에서 열심히 기도나 하세요."

교만은 파망의 앞잡이

'아!~ 어릴 때 우리 동네 오락실 최고 기록자!-MOON HEA RYONG.'

그러나 꾹 참았다.

그리고 일주일이 지났다.

"아~! 이 판 너무 어렵네. 일주일째 이 판을 못 깨고 있어요."

그 녀석의 푸념이다.

"뭐가 어렵다고……. 게임만 하는 녀석이 이것도 못 깨냐?"

내가 응수했다.

"쌤이 해 보세요. 쌤은 첫판도 못 넘겨요."

머리 뚜껑이 열렸다.

"첫판 넘기면 너 쌍코피 터진다."

문제는 첫판을 시작해서 끝내는데, 우와~ 얼마나 재미가 있던지……. 내 속에 깊숙이 내재되어 있던 소위 게임에 대한 그 '촉'이라는 것이 발동을 한 것이다. 둘째 판, 셋째 판, 그리고 그때까지 해보지 못했던 PC게임의 세계 속에서 나는 정신 줄을 놓고 말았다. 어릴 적에 했던 오락실 기기랑은 차원이 다른 것이었다. 문제는 한판으로 끝나지 않는다는 것에 있었다.

1996년 수능을 네 달 앞둔 여름이었다. 이것이 내 일그러진 인생살이의 시작이었다.

몇 시간 안에 엔딩(ending)을 보겠노라고 시작한 게임이 사흘 밤낮을 자지 않고 했지만, 겨우 3분의 1에 해당하는 진도 밖에 나가지 못했다. 내가 살아오면서 그렇게 재미있는 게임은 처음이었다. 아마도 내 인생의 '도파민'을 가장 많이 체험하는 시기였던 것 같다. 이때를 지금도 잊지 못한다. 그리고 이 PC게임 앞에서 빵과 베지밀 1개로 사흘을 버티며 게임에만 몰입했다.

"쌤, 아직도 하고 있네."

학교에 갔다 온 녀석이 한 말이다.

"나가 있어라. 빨리 끝낼게."

그리고 PC 앞에서 사흘 만에 마우스를 쥔 채 졸다가 결국 앉은 채로 실신했다. 그리고 30분 뒤에 깼다. 나는 이렇게 외쳤다.

"빨리 끝내야 돼!"

그리고 일주일이 흘렀다.

나는 오토바이 택배도 과외도 하지 않았다. 그렇지만 가정교사였기에 모든 것을 제공받았다. 게임에 미쳐 있는 동안 나는 계획과 성실성을 잊어가고 있었다. 대학진학이라는 목표는 이미 내 뇌리에서 까마득히 멀어져 가고 있었다.

그렇게 일주일 내내 게임만 하다가 주일날 교회에 갔다. 사흘 동안 밤을 샌 채로 갔다. 일주일 동안에 겨우 30분을 잤다. 젊은 피 23

살이라고 그래도 버틸 수 있었다. 이때까지만 해도…….

　문제는 예배시간에 터졌다. 나는 찬양 대원이었다. 가운을 입고 올라섰다. 그리고 찬양대 순서가 되어 모두 자리에서 일어섰다. 나는 졸지 않기 위해 최대한 집중하려 했다. 그러나 눈꺼풀이 너무 무거웠다. 지휘자를 보며 찬양을 시작했다.

　시작한지 1분 정도가 지났을 때 잠시 교회의 불이 꺼지는가 싶더니, 땅이 꺼졌다가 올라오기를 반복하는 체험을 했다.

　무슨 일이 일어난 것일까?

　내가 졸았던 것이다. 반 실신이라고 하는 것이 정확할 듯하다. 교회의 불이 꺼진 것이 아니라 내 눈꺼풀이 꺼지고, 내 다리가 완전히 풀렸던 것이다. 찬송가를 쥔 채 아래로 쓰려져 내려갔다가 다시 일어나기를 반복, '휘청, 휘청'했던 것이다. 깜짝 놀랐다. 만약 쓰러지거나 했다면 예배는 엉망진창이 되었을 것이다.

　청년부 모임이 시작되었다. 선배 형이 나에게 인사했다.

　"해룡아, 야 너 오늘 찬양대에서 율동도 하더라. 앉았다 섰다. 난 태어나서 찬양대원들 중에 혼자 율동하는 거 너 처음 봤어."

　망신이었다.

　"교만은 패망의 선봉이요 거만한 마음은 넘어짐의 앞잡이니라"(잠 16:18).

정신을 차렸을 때는 말이 늦더라!

그렇게 게임에 빠져 한 달하고도 반을 보냈다. 엔딩을 봤다. 그 순간 기뻤다. 그러나 그 기쁨도 잠시였다.

내 형편과는 상관없이 어느새 날은 흘러 9월 말일이었다.

앞으로 수능일이 40여일 남짓 밖에 남지 않았다. 괴로웠다. 집중이 되지 않았다. 모의고사를 쳤다. 200점 만점에 보통 때는 130점 정도는 나왔었는데, 10월 첫 주 성적이 100점이었다. 보통 때 모의고사 때보다 20점이나 떨어져 있었다.

절~망~

어떻게 시작하고 준비해 온 수능인데……. 고등학교 졸업하고 4년 만에 준비하는 것인데……. 하나님의 은혜로 학원비, 생활비, 숙박비, 빨래까지 몽땅 공짜로 해결되어져 편안하고 안락하게 지난 1년을 보내지 않았던가……. 그런데 내가 스스로 망쳐버린 것이다.

결국 수능에 가서도 어려운 출제경향으로 성적은 100점도 넘기지 못했다. 망했다. 이 성적으로는 부산에 있는 4년제 대학은 한 군데도 넣을 곳이 없었다. 절망 그 자체였다. 나는 사실 가고 싶은 대학, 가고 싶은 학과가 있었다.

그곳은 바로 내가 처음 교회수련회 갔을 때 만난 그 여학생, 생년월일이 나와 같은 그녀가 다니는 학교였다. 비슷해지고 싶었다. 수준을 맞추고 싶었다. 같은 대학을 다니고 싶었다. 그런데 게임에 빠져 스스로 망쳐버린 것이다. 그래서 절망은 더 컸다.

수능 점수를 확인한 날 이후부터 나는 방황하기 시작했다. 밤마다 길거리에서 시간을 보냈다. 내 아버지와 똑같았다. 그래서 내 자신이 더 싫었다. 나는 또 한 번 운명을 탓하며, 나약함 앞에 내 스스로 무릎을 꿇었다.

'그래! 난 원래 루저니까. 쓰레기니까.'

나의 부모와 너무나 다른 그녀의 부모

내가 짝사랑했던 생년월일이 같은 그 여학생의 부모님은 나의 부모님과 달랐다.

그녀의 아버지는 장로님, 어머니는 권사님인데 참 신실한 분들이었다. 그리고 교회의 많은 성도들로부터 칭찬받는 분들이었다.

그녀의 언니도, 그녀의 남동생도 모두 엄친아들이었다. 대학원생 언니, 서울대생 남동생, 우리 집과는 너무나 달랐다. 그래서 나는 그녀를 혼자 짝사랑하며 가슴앓이를 하면서 끙끙대야 했다. 그녀 뿐 아니라 어느 누구도 나를 남자로 보거나, 나의 외로움을 감싸주는 사람은 없었다. 그래서 나는 더 외로웠다.

"당신은 사랑받기 위해 태어난 사람……."

그러나 '난 사랑받지 못했다.'

나는 하나님의 사랑도 연인의 사랑도 가족의 사랑도 받지 못한다는 상처로 가슴 아파 했다.

오히려 세상의 술친구들이 나를 더 이해해 주는 것 같았다. 그 친구들과 술로 시간을 보냈다. 입학지원서도 쓰지 않았다. 합격할 가능성이 전혀 없는 점수였기 때문이다. 별 볼일 없는 대학에 가면 뭐 하겠나 하는 건방진 생각에 자포자기했다. 알량한 자존심은 살아있어 거기에 쏟아 붓는 등록금이 아깝다고 생각했다.

이렇게 될 줄 알았더라면 차라리 부산기계공고를 나와 현대나 삼성, 거제 조선소를 택했을 것이다. 지금은 아무나 들어가지 못하는 직장 중에 하나가 되어 버렸지만, 그때만 해도 기계공고를 나오면 수월하게 들어갈 수 있는 곳이었다. 그곳들을 마다하고, 나는 당시 사람들이 그저 공장에나 다니는 특별할 것 없는 젊은이들을 통틀어 부르는 별 볼일 없는 '공돌이'가 되어 버렸다. 나는 갈수록 아버지를 닮아가는 루저에 불과했다. 그래서 난 내가 더 싫었다.

이때까지만 하더라도 내게는 "우리가 사방으로 우겨쌈을 당하여도 싸이지 아니하며 답답한 일을 당하여도 낙심하지 아니하며"라는 고린도후서 4장 8절 하나님의 말씀이 귀에 들어오지 않았다.

학대 속에서

낮은 수능 성적 통지표를 받고 나는 절망하며 방황했다. 너무나 소심하고 너무나 쉽게 포기하는 나 자신이 싫었다. 그래서 나는 스스로를 더욱 학대했다.

그렇게 몇 주를 보냈다.

ABCD군으로 나눠진 1차 대학 입시에 결국 원서조차 쓰지도 않았다. 혼자서 밤이면 술을 마셔댔다. 그렇게 몇 주가 지났을까, 혼자

지쳐 허덕이고 있는 가운데 자꾸만 죄송하다는 마음이 생겼다.

첫째는 나에게 기회를 주신 하나님 아버지께 죄송했다.

둘째는 나를 돌봐준 이모 같은 집사님께 미안했다.

셋째는 어려운 환경 속에서도 늘 쾌활하게 살아가는 나를 응원해 주는 교회 친구들과 선후배들에게 미안했다.

그래서 금요일 밤 철야예배를 갔다. 그리고 맨 뒷자리에 앉아 회개의 기도를 했다. 기도하며 울고 나니 좀 후련했다.

교회 누나

다음 날 토요일이 되었다. 교회 소그룹 모임이 있었다. 그리고 한 교회 누나를 만났다. 의대를 다니는 선배였다.

"해룡아, 1차 입학원서는 어디에 넣었니?"

처음에 난 아무 말도 할 수 없었다.

그리고는 스스로를 위로 하듯 말했다.

"누나, 어젯밤에 금요 철야예배 때 기도하고 깨달은 건데, 아무래도 내가 지은 죄로 말미암아 수능 결과가 비참하게 나온것 같애. 자업자득인 것 같애. 그냥 공돌이로 살아갈래. 그렇게 생각하니 마음 편해졌고, 하나님의 뜻인 것 같애."

아무리 많은 생각과 기도를 했을지라도 스스로 판단하고 쉽게 결정하지 말라.

내 말에 대한 선배 누나는 "해룡아, 하나님의 뜻은 결과를 보고 아는 거야. 대학에 원서도 써보지 않고 결정하는 것은 하나님의 뜻

이 아닌 너의 뜻이야. 네 마음대로 결정하고 하나님의 뜻으로 돌리
면 안 돼"라고 하면서 계속해서 조언을 해 주었다.

아~! 나는 그 선배의 말을 지금도 잊을 수 없다.
"원서를 넣고 떨어지면 그것이 하나님의 뜻이지.
넣지도 않고 떨어졌다고 생각하는 것은 네 뜻이야.
떨어진 후 다음 계획을 세워도 늦지 않아. 그리고
하나님은 반드시 새로운 길을 열어 주실거다."

자신의 생각을
하나님 생각인냥
착각하지 말라!

나는 처음으로 하나님의 뜻이 무엇인지 알았고, 사람들 통해 하나
님은 자신의 계획을 알려준다는 것도 이때 몸으로 배운 듯하다.
그래서 나는 1차 전기 4년제 대학에 딱 한군데 부산에 있는 K대
학 영문과에 넣었다. 이 학과는 전기 20명을 모집하였다. 2~3군데
더 넣을 수도 있었지만, 딱 한군데만 쓴 것은 나름의 똥고집이었다.
첫째는 이 정도 수준이 아니면 아예 가지 않겠다.
둘째는 어차피 떨어질 바에는 아까운 원서비를 날릴 수 없다. 결
과는…….

절망의 나락

떨어졌다.

평균 합격 수능 성적이 124점대 였던 것 같다. 내 성적이 98점이었던가……. 잘 기억이 나지 않지만, 2.4:1의 경쟁에서 저 점수로 합격한다는 것은 말이 되지 않는다. 참 재미난 것은 추가 합격자 맨 마지막 5번째에 내 이름이 올라와 있었다.

'아! 수능 때 몇 문제만 더 맞췄어도 합격인데…….'

'아! 그놈의 게임…….'

아쉬움으로 가득 찬 하루였다.

혹시나 하는 생각에 K대학 행정과로 전화를 했다.

"추가합격 발표는 언제 나오나요?"

"한 2주 걸립니다. 그리고 현재 합격자 중에 입학 취소를 결정해야 하는데, 다음주나 되어야 결정될 것입니다."

그리고 2주의 시간을 기도로 보내고 몇 번 전화했다.

그랬더니 2명이 입학금을 내지 않고 대기 순번 1번과 2번이 입학금을 내었다고 했다. 나는 대기 순번 5번이었다.

아쉽고 또 아쉬웠다.

이때 내 나이가 23살이었다. 정상적으로 대학 들어갔다면 92학번, 그 당시는 1996년, 내 친구들은 이미 졸업하는 해였다. 거기에다 나를 더 비참하게 만들었던 것은 중학교 때 나보다 공부를 더 못하던 친구들이 국립 부산대학교를 졸업한다는 것이다. 그로 인해 나는 패배감까지 느끼고 있었다.

할 수 없이 다시 2차 후기대학에 원서를 넣었다.

그것도 한군데만 넣었다. 똑같은 K대학 영문과, 20명 모집, 후기는 더 높은 점수를 가진 지원자들이 원서를 냈다. 평균점수도 몇 점 더 올라갔고 경쟁자도 더 많았다.

이런 나를 뭐라고 해야 할까?

옹고집? 고집불통? 대학 갈 마음이 없는 찌질이?

마지막 원서를 넣고 금요 철야기도회를 갔다.

그리고 옥탑방으로 향했다. 내 옥탑방에서는 거북이와 철모라는 내 친구 2명과 집주인 이모가 고스톱을 치면서 깔깔거리고 있었다. 피곤했다. 자고 싶었다. 다들 나가라고 했다.

친구 한 명이 돈을 많이 땄는지 같이 고스톱을 한판 치자고 했다.

"나는 고스톱에는 취미도 없고 잘 못한다. 나가라 쫌!"

내가 성질을 부렸다. 그랬더니 이모가 같이 하자고 나를 부추겼다.

"그럼 광이나 팔아서 등록금 좀 벌지? 혼자서 네 등록금 만들려고? 아~싸! 싹쓸이! 한 장씩~, 밤새도록 따도 모자랄 판이다. 너도 좀 벌어라."

옆에서 같이 고스톱을 치는 친구들은 뭐가 그리 재미있는지 깔깔거렸다. 마치 나를 놀리는 듯했다. 짜증이 난 나는 화투판을 엎으며 나가라고 고함쳤다.

"아따! 그 성질머리, 그러니 네가 맨날 그 모양이지."

맞는 말이라 나는 더 이상 화낼 기운도 없어서 한 쪽에 쪼그리고 누웠다.

친구들은 뭐가 그리 재미있는지 계속 배를 잡고 웃어 댔다.

이모가 내 옆에 가까이 다가와 말했다.

"내일 등록금 내러 같이 가자."

"이모, 내일 아침 일찍 후기 면접 보러 가야 되거든. 그만 괴롭히고 내려가 제발."

"내가 합격 시켜 줄게."

나는 더욱 짜증났다.

"됐거든! 이모가 하나님이냐?"

친구들은 깔깔거리며 박장대소를 했다.

나는 그때서야 '이게 뭔가?'하고 눈치를 살피기 시작했다.

1차 전기에서 추가로 합격되었다는 통보가 왔던 것이다. 결국 나는 1차, 2차를 통틀어 40명 중 꼴찌로 합격한 것이다. 내 인생에 처음으로 홍해가 갈라지는 기적을 체험하는 순간이었다.

"여호와께서 사무엘에게 이르시되 그의 용모와 키를 보지 말라 내가 이미 그를 버렸노라 내가 보는 것은 사람과 같지 아니하니 사람은 외모를 보거니와 나 여호와는 중심을 보느니라 하시더라"(사무엘상 16:7).

자신감과 교만. 이 둘을 잘 구별하고 자기를 돌아볼 줄 아는 사람이 몇 명이나 될까? 저자는 자신감을 회복한 뒤로 자칫 방심하는 사이에 교만해져서 다시 게임에 빠졌던 지난날을 돌아보면서 교만하여 근거 없는 자신감으로 결국 수능을 망쳤음을 말한다. 이 장(章)에서는 '내가 무엇을 할 수 있다'는 자신감보다 중요한 것이 '하나님을 온전히 신뢰하는 것'임을 말한다. 왜냐하면 하나님이 도와주지 않으시면 자신을 이길 수 없고 무엇이든 이룰 수 없기 때문이다. 하나님 없는 자신감은 교만과 방불한 자만심과 진배없다.

꿈과 비전을 가지게 하라!

"큰 좌절은 중독을 부른다."

꿈과 비전이 있는 자는 앞으로 나아가게 된다. 잠시 게임에 빠져 방황할지라도 그는 다시 자신의 길을 가게 되어 있다. 자신 앞에 놓여 있는 목표와 꿈을 놓지 않도록 비전을 제시해야 한다. 작가는 그 꿈을 찾지 못해 PC방 폐인이 될 수밖에 없었던 이유를 써내려가고 있다.

PC방 폐인

　내가 진짜 PC방 폐인이 되기 시작한 때는 27살 때즈음 1999년 7월, 스타크래프트 '브루드 워'가 나왔을 때다. 이 게임 때문에 우리나라에는 PC방 열풍이 불기 시작했다.

　내 친구 중 한 명이 우리 동네에서 PC방을 오픈했다. 우리 동네 1호점이었다. 그 후 반경 1km 내에 우후죽순으로 PC방이 생겨났다. 몇 년 사이에 대략 30개점이 생겨났다. 그러다가 망하면 그 옆에 또 다른 PC방이 생겨났다. 새 PC방이 생겨날 때마다 손님들은 그 새 PC방으로 몰려들었다. 그러나 돈을 버는 PC방은 별로 없었다. 그 당시 PC방마다 컴퓨터 보유 대수가 평균 20여대였고 그 당시만 해도 체인점의 개념인 대형화된 PC방이 없었다. 그래서 관리하기도 힘들었을 뿐 아니라 컴퓨터는 매우 느렸으며 네트워크도 불안정했다.

아무튼 PC방마다 손님들은 엄청 많았다. 그러나 그것은 밖으로 보이는 외형일 뿐, 고가의 컴퓨터 수명은 고작 1년에 불과했다. 내 친구 녀석도 2년 정도 하고는 겨우 본전만 뽑고 물러났다.

PC방 이전의 컴퓨터게임은 혼자서 엔딩을 보는, 말 그대로 끝판 대장을 만나 해피엔딩으로 끝났다. 486시대의 이러한 게임은 오락실을 가지 않아도 누구나 공짜로 복사해서 즐길 수 있는 게임이었다. 그러나 스타크래프트(브루드 워)는 달랐다. 바로 네트워크라는 기능을 가지고 있었다. 다른 사람과 함께 게임을 해나간다는 개념은 게이머들에게 활기를 불어넣었다.

시대적 흐름에 민감한데다 내 속에 내재되어 있는 환경적 요인으로 인해 나는 게임에 급속도로 빠져들었다. 재미있다는 것을 직감함과 동시에 나는 잘하는 그룹의 선두에 섰다. 당시 그것은 나의 자부심이었다. 지금 생각해 보면 참 쓸데없는 것에 목숨을 건 나도 이것이 문제라는 사실을 알고 있었다. 그러나 나에게는 나쁜 유혹을 피할 만한 자제력도 없었고, 주위의 어떤 통제력도 미치지 않는 때였다.

나이 27세 / 부모 없음 / 통제력 상실 / 특별한 재능 없음 / 존재감 없음 / 154cm의 키 / 군면제

겨우 봐 줄만한 거라고는 착하다는 거 하나였다. 착한 것인지, 멍청한 것인지……. 내가 봐도 한심 그 자체였다.

누가 나에게 시집오겠는가? 누가 나 같은 사람에게 일생을 맡기려 하겠는가? 어느 부모가 나에게 딸을 주겠는가?

지금 딸 가진 아버지인 나라도 이런 찌질이에게는 딸을 줄 수 없을 것이다.

유익한 사람이 되고 싶었다.

나는 잘 되고 싶었다. 하나님을 믿는 사람이라 잘 되고 싶었다. 그래서 공부를 할 때는 나름 열심히 했고, 영어권인 남아공에도 1년 동안 다녀왔다. 러시아 단기선교도 다녀왔다.

선교활동을 다녀오기 전에는 영문과에서 쌍권총 차기 일쑤였지만, 선교를 다녀온 이후로는 영어 성적도 좋아졌다. 남들이 2시간짜리 숙제를 준비할 때 나는 30분 만에 완료했다.

그리고 남아프리카 단기선교를 통해 청소년 지도자가 되기로 마음먹었고 한 교회의 중고등부 사역자가 되었다. 그리고 대학을 졸업한 후에는 신학대학원에 가기로 마음을 먹었다. 목회자가 되기로 결심한 것이다.

루저의 짝사랑

내가 목회자가 되기로 마음을 먹은 이유는 오로지 앞에서도 거론한 바 있는 내가 짝사랑하는 예전의 생년월일이 같은, 운명 같은 그 여학생과 수준을 맞추기 위해서였다. 그러나 그녀는 며칠 밤을 새워가며 작성한 나의 프러포즈 편지에 한 치의 망설임도 없이 거절했다. 나는 또 한 번 찌질이 루저로서 뼈저린 패배를 맛보았다.

설마, 설마 했는데…….

그녀 앞에 당당하게 서기 위해 부단히 노력했는데…….

아버지의 소망도 뿌리치고 부족하지만 그녀를 위해 목회자의 길을 걷기로 했는데…….

그녀는 날 거들떠보지도 않았다. 예상을 못한 것은 아니었다.

그래서 7년 반 동안 짝사랑을 하며 때를 기다렸다.

'나는 목사가 될 것이다. 그러면 그녀는 나에게 시집오겠지?'

지금 생각해 보면 참 순수하지만 부질없는 생각이었다. 아니, 어쩌면 7년 반의 짝사랑에 종지부 찍고 싶었는지도 모른다.

나의 고백 편지를 보기 좋게 거절당하고 난 후, 내 마음은 정리가 되었다. 그런데 가슴 한 편에 텅 빈 구멍이 생겨버렸다. 그 공간은 너무나 커서 나를 지탱하고 서 있기조차 힘들었다. 문득 나는 나에게 이런 질문을 던졌다.

'내가 왜 교회를 그렇게 열심히 다녔지? 그녀가 목표였나?'

'내가 그동안 왜 이렇게 열심히 공부하고 일했지? 그녀 때문이었나?'

'내가 왜 남아프리카 오지 선교를 다녀오고, 청소년 전문 사역자가 되겠다고 서원했지? 그녀 때문이었나?'

아니라고 애써 부인하고 싶었지만 부인하고 싶은 마음조차도 생기지 않았다. 나는 교회를 다니며 오로지 짝사랑하는 그녀만을 바라보고 꿈을 꿨던 것이다. 나는 하나님 아버지 앞에 면목이 없었다.

나는 일어서야 했다. 어떻게든 신앙의 끈을 붙잡고 싶었다.

'그래, 다시 시작해야 한다.'

그러나 아무것도 하고 싶지 않았다.

완전 폐인이 되다

아프리카를 다녀온 1999년 2학년 1학기 중간고사, 내 딴에는 아주 완벽하게 시험을 치고, 완전히 잠수를 탔다. 핸드폰도 끄고, 친구 PC방에서 5월부터 9월까지, 2학기 수업이 본격적으로 시작되기 전까지 하루 종일 게임만 했다. 밤새도록 게임만 했다. 잠이 오면 자고, 눈을 뜨면 게임만 했다.

중독자는 처음부터 중독되는 것은 아니다. 그러나 단 한 번이라도 중독을 경험한 사람은 다시 중독에 빠질 위험이 아주 크다고 생각한다. 만약 재차 중독에 빠지게 되면 그 이전보다 더 강한 중독성을 띤다는 것이 중독의 특징이다.

중독의 재발을 부추기는 요인 중 하나는 절망이다.

꿈과 소망을 잃은 상태에서는 더 깊은 중독의 나락으로 떨어질 수 있기 때문이다. 나의 경우가 그러했다.

내가 어릴 때 우리 집은 오락실을 운영했다. 그러나 내 게임 중독을 그 환경적 영향이 있었다고 단정 지을 수는 없다. 그것은 내 스스로를 위로하기 위한 책임회피에 불과하다. 건강한 영과 육을 지닌 사람은 환경에 지배당하지 않고 환경을 개척해 나갈 수 있기 때문이다. 그러나 꿈이 없는 나의 영과 육은 건강하지 못했다.

2학기 등록은 은행에 학비 융자로 냈고 최소 학점인 18학점과 D학점을 목표로 수업 과목을 편성했다. 그리고 남는 시간은 PC방에서 시간을 보냈다. 때로는 수업에도 빠졌다. 교회의 만류에도 불구하고 전도사직도 사임서를 내고는 잠적했다.

그리고 더 열심히 게임을 했다. 이길 때마다 기분이 너무 좋았다. 제일 행복한 장소였다. 외로움도 잊었다. 네트워크를 통해 늘 함께 하는 동료들이 있었기 때문이다. 내 친구들이었다. 그 속에서는 내가 키 작은 줄도 모른다. 아무도 내가 루저(loser)인 줄도 모른다. 그 속에서 만큼은 내가 제일 잘난 위너(winner)였다.

그러나 내가 가장 자신감 있게 활보할 수 있는 네트워크를 통해 쌓여가는 것은 나의 프로필이 아니라 카드빚 뿐이었다. 학교 등록금 융자로 인한 은행 빚도 빚이었지만, 생활비 지출로 인한 빚이 매월 쌓여만 갔다. 과외도 하지 않았다. 다른 일도 하지 않았다. 이렇게 쌓인 빚이 2천만 원 가까이 되었다.

그럼에도 나는 밤을 새워가며 게임을 했다. 라면으로 끼니를 때웠다. 가끔 함께 게임하는 동료가 포장마차에서 사주는 맛있는 비빔밥과 해장국, 시래기국은 나의 속을 달래주는 특별 메뉴였다.

나의 위로가 된 오토바이

그 당시 나의 교통수단은 오토바이 크루저 125cc였다.

물질적인 가난은 정신도 가난하게 만든다.

나에게는 퀵서비스 택배 생활로 배운 오토바이 운전 기술이 있다. 오토바이 시속은 90km이지만 시속 60km만 넘어도 넘어지면 최소 중상 내지는 즉사인데도 나는 죽는 것이 두렵지 않았다. '사고 나면 그냥 한방에 죽자'라는 생각뿐이었다.

그래서 오토바이로 최고 시속을 냈다. 110km 정도 나왔다. 아프리카에서 포드차로 시속 210km를 달릴 때보다도 더 떨리고 더 스릴이 넘치는 것이 오토바이다. 그러다가 만약 미끄러지면 죽는다. 옆 골목에서 다른 차가 갑자기 튀어 나오면 피할 공간도 없다. 나는 늘 영화처럼 생각했다.

'한방에 죽자.'

나는 내가 아찔한 상황을 수차례 겪었지만 살아있는 것은 순전히 하나님의 보호라는 사실을 뒤늦게야 깨달았다.

나는 죽어도 울어 줄 사람이 없기 때문에, 불구가 되어도 나로 인해 고통 받을 사람도 없고, 아쉬워 할 사람도 없기에, 내 목숨을 담보로 마구마구 엑셀레이터를 당겼다. 그렇게 끝나지 않을 것 같은 질풍노도의 끝자락이 서서히 다가오고 있었다.

오토바이를 몰며 소니 카세트 이어폰을 귀에 꽂았다.

"또 하루 멀어져 간다 / 내 뿜은 담배 연기처럼 / 작기만 한 내 기억 속에 / 무얼 채워 살고 있는지 / 점점 더 멀어져 간다

김광석의 '서른 즈음에'라는 노래를 들으면서 나도 그처럼 더 이상 살고 싶지 않았다. 그처럼 자살하고 싶었다.

"나 여호와가 말하노라 너희를 향한 나의 생각은 내가 아나니 재앙이 아니라 곧 평안이요 너희 장래에 소망을 주려 하는 생각이라"(예레미야 29:11).

칠성파 행동대장과의 만남

PC방에는 유일한 친구가 한 명 있었다.

칠성파 행동대장 / 나이 32살 / 키 160cm / 기혼 / 자녀 2살 딸

이혼 직전의 위기에 처한 남자였다. 그는 자기가 위기의 남자라고 생각하지 않았다. 그러나 결국 이혼했다는 소식을 나중에 듣게 되었다. 측은한 생각이 들었다. 2살짜리 딸은 어떻게 크고 있을까?

그는 나를 좋아했다. 나도 그가 편했다. 왜냐하면 가식이 없었기 때문이다. 욕도 잘했고 나쁜 말도 거침없이 했지만, 그가 나를 좋아해 줬기에 그가 편했다. 그래서 서로 약속하고 PC방에서 만나 리니지나 디아블로, 스타크래프트를 함께 즐겼다. 그와 같이 온천 목욕도 갔다. 목욕탕에서 그의 몸을 보았는데 온몸에 칼자국이 있었다. 한 7군데에 10cm 이상의 칼자국이 있었다. 영화에서나 볼 수 있는 몸이었다. 그가 행동대장에 대해 이야기 해 주었다.

보통 싸움 잘하는 사람은 덩치가 크고 무섭게 생겨야 한다고 알고 있지만 실상은 그렇지 않다고 한다. 그들은 대부분 벽 앞에 세워두는 병풍이라고 한다. 상대에게 겁을 주기 위해 덩치가 크고 험상궂게 생겨야 한다고 했다. 그들은 병풍처럼 서 있기만 할 뿐이다.

진짜 싸움을 잘하는 친구들은 대부분 키가 작고 날이 선 칼을 쥐고 싸운다고 한다. 그래서 최전방에 서서 날렵하게 달려들어 쓱싹! 하고 끝낸다고 한다.

자기가 그런 사람이라고 했다. 참 재미난 것은 그런 그가 무섭지 않았다. 혹여 내게 싸울 용기가 있거나, 그와 같은 끼가 조금만 있었

더라면 그를 따라 그 세계로 갔을 지도 모른다. 그리고 어느 날인가는 서면 뒷골목 어디에서 칼 맞고 쓰러져 있을 지도 모를 일이다.

우리는 가끔 함께 범어사로 향했다. 절에 가는 것이 아니라 등산을 할 작정이었다. 그의 차는 빨간 티뷰론이었다. 그의 차를 타고 함께 금정산으로 향했다. 그는 등산을 좋아했다. 산에 오를 때의 나의 날렵함은 그에 못지않았다. 우리는 웃으며 경쟁하듯 산을 탔다.

그가 나에게 물었다.

"앞으로 뭘 하고 싶냐?"

"이제 없다."

"그럼 뭘 하고 싶었냐?"

"목사가 되고 싶었다."

"오~메! 목사, 돈 된다던데 교회. 그럼 내가 뒤에서 칼 들고 허벌나게 돈 거둘게."

그 날 이후로 그를 다시는 만날 수 없었다. 가끔 그 동네 그 PC방을 찾아 갈 때가 있다. 배고픈 시절을 기억하기 위해서다. 그러나 그의 소식을 들을 수는 없었다. 어디서 비명횡사라도 한 것일까?

나는 그에게 그 어떤 기쁜 소식도 전하지 못했다. 나는 지금 이렇게 행복하게 잘 살고 있는데, 그는 어디서 무얼 하고 있을까? 마음이 무겁다. 그에게 인생의 참 행복을 가르쳐 주고 싶다. 행복은 작은 것에서부터 시작되는 것이라고, 가정에서부터 시작되는 것이라고 말해 주고 싶다. 딸은 잘 크고 있냐고 안부를 묻고 싶다. 그 딸은 지금쯤 18살 정도 되었을 것이다. 착하고 예쁘게 잘 컸기를 바라며 그에게서 그 말을 듣고 싶다.

프로게이머를 꿈꾸는 젊은이들에게

PC방에서 만난 사람들 중에 스타크래프트 프로의 꿈을 꾸고 있는 친구들이 있었다. 같이 밤을 새고, 같이 전략을 짜고, 이기면 같이 웃고, 지면 서로 위로하는 그런 친구들이었다. 참 재미있는 친구들이었다. 그 중에 한 친구가 서울로 갔다. 게이머가 되겠다며 상경한 것이다. 그런데 두달 후 다시 PC방에 보이기 시작했다.

왜 돌아왔냐며 물었다. 그리고 그로부터 상경 후 프로게이머가 되기 위한 과정의 무용담을 들었다.

그가 소속되었던 팀은 우여곡절 끝에 창단된 신생팀이었단다. 대학 동아리 모임부터 시작한 팀들이었다. 그들과 같이 게임을 하며 실력을 키우려 했단다. 그러나 결론은 너무 잘하는 친구들이 많고 더군다나 연습생 때는 생활비도 나오지 않더라는 것이다. 그런데다 지게 되면 엄청난 스트레스로 견딜 수가 없더라는 것이다.

프로게이머를 꿈꾸는 친구들아!

세상에는 고수들이 엄청나게 많단다. 그리고 쉽게 돈 벌 수 있는 것도 없단다. 공부, 힘들지만 그러나 공부만큼 돈이 적게 들어가는 것이 있을까? 적은 레슨비와 좋지 않은 환경에도 인생의 기회를 만들 수 있는 것 중에 그나마 공부보다 쉬운 것이 별로 없다.

요즘은 예술, 연애인, 스포츠 스타, 무엇이든 1등의 자리에 올라가지 않으면 그들이 꿈꾸는 것들은 허상에 불과하다.

꼭 그렇게 1등을 해야만 하는 것인가?

평범한 삶은 아름다운 것이 아닌가?

무엇이든 시작할 때 확률을 따져보고, 내가 거기에 얼마만큼의 열정을 쏟으며 즐길 수 있는지를 생각해 보기 바란다. 만약 자신에게 임요환과 같은 실력이 있다면 도전해 볼 필요가 있다. 그러나 그게 아니라면 빨리 접어라. 실력이 아니라도 좋다. 끝까지 최선을 다하겠다면 시작하라. 그런데 한 가지는 명심하라. 포기하는 순간 지금까지 쌓아 온 모든 것이 물거품이 되어버린다. 그러나 자신을 알고, 상황을 알고, 허황된 것이 아닌 자신에게 가장 적합한, 즉 적성에 맞는 일을 찾는다면 성공할 수 있다. 성공의 가치를 어디에 두느냐는 세상이 아닌 나의 관점이다. 우리는 허황된 꿈 때문에 자신을 학대하는 경우가 허다하다.

프로게이머가 되고 싶었던 그 친구는 나에게 이런 교훈의 말을 남겨 주었다.

"게임도 일이더라."

나의 2년 가까운 PC방 생활이 가져다준 병폐는 요통과 두통이었다. 살은 더 빠졌고, 혹 어떤 이는 살이 찌는 친구들도 보았다.

PC방에서 잠을 자는 것도 한계에 도달했다.

어느 날 나는 거울 속에 비친 내 모습을 보고 깜짝 놀랐다. 내 머리털이 빠져 숱이 너무 없었다. 점차 건강도 잃어가고 있었다. 문제는 무엇보다도 이제는 게임이 재미가 없어져 갔다.

'난 프로게이머가 되긴 틀렸나보다⋯⋯.'

프로게이머든 무슨 일이든 자기 절제와 뼈를 깎는 고통 없이는 1인자 자리에 올라서기란 불가능하다. 최소한 어느 정도의 경지에 올라서야 밥은 먹고 산다.

나는 무엇인가를 꿈꾸는 친구들에게 성공하고 싶다면 자기가 하는 그 일을 즐기라고 조언하는 목사다. 즐기면 성공할 수 있다.

1인자들을 가만히 살펴보라. 자신이 하는 일을 즐기지 않고 노동으로 여기는 사람이 있는가?

'게임을 즐기며 마음껏 할 수 없을까?'라고 생각하는 친구가 있는가? 마음껏 해보라. 게임도 피곤하고 스트레스 받고 지치고 괴롭다.

공부는 지겹고 한계에 부딪히나 게임은 한계에 부딪히지 않을 것이라고 생각하는 학생들이 많다. 오산이다. 난 그렇게 고집피우는 친구에게 해보라고 말하고 싶다. 그러나 엄청난 손해로 후회할 것이라고 말하고 싶다. 결국 빼앗긴 시간은 되돌릴 수 없는 것이다.

혹은 1인자가 못 될지라도 후회하지 않는다고 장담하는 친구들이 있다. 절대 장담하지마라. 결국 프로게이머가 되어 프로로 먹고 살려면 더 이상 게임은 게임이 아니라 일이고 직업이다.

"전도자가 가로되 헛되고 헛되며 헛되고 헛되니 모든 것이 헛되도다"(전도서 1:2).

"너는 내일 일을 자랑하지 말라 하루 동안에 무슨 일이 날는지 네가 알 수 없음이니라"(잠언 27:1).

모든 일을 게임처럼 하라

우리가 모든 것을 반대로 생각해보면 재미난 이치를 터득하게 된다. 일을 게임처럼 즐겁게 할 수는 없을까? 내가 상상한 것과 같은 미래의 게임 산업프로그램이 나오지 않을지라도 우리는 일상에서 하는 일들을 얼마든지 즐길 수 있다. 내가 상상한 미래 게임은 웨어러블을 장착하고 일을 MMRPG 게임처럼 하는 것이다.

예를 들어 헬스장에 다니는 사람들을 보면 이치를 하나 깨달을 수 있다. 어떻게 저렇게 힘든 노동 같은 운동을 돈을 내면서까지 하는 걸까?

살을 빼기 위해서? / 건강을 위해서? / 남에게 보이기 위해서? / 유행이라서? / 목표가 있기 때문에?

아무튼 그들을 자세히 살펴보면 너무나 즐겁게 하고 있다. 하루라도 헬스장을 가지 못하면 그들은 금단 현상으로 괴로워 한다. 그들은 이미 헬스에 빠져 있기 때문이다. 즐기고 있었던 것이다.

공부도 이것이 가능하다. 노동일을 하는 분들 가운데도 그렇게 일하는 사람을 보았다. 내가 아는 신학자 중에는 글 쓰는 중독에 빠져 고치고 또 고치고, 수백 페이지 되는 책을 읽고 또 읽고 수정하는 저자도 보았고, 그런 책을 수십 종류 출간해 내는 교수도 보았다.

왜 일까? 그들은 그것이 재미있기 때문이다. 아마도 그들은 그 일을 하면서 도파민을 만들어 내고 있는 것 같다. 그들은 일이 게임이었다.

나도 이 책을 쓰면서 처음에는 힘들었지만, 막바지에 이르자 책 속에 빠져 밤샘을 한 달째 하고 있다. 나는 노동을 하고 있는 것이 아니라 즐기고 있다. 더 정확하게 표현하면 타이핑으로 글쓰기 게임을 하고 있다. 그래서 글 쓰기는 나의 신종 게임이 되어 버렸다.

세상에서 쉽게 돈 벌 수 있는 것은 아무 것도 없다. 잘 버느냐 못 버느냐의 차이가 있을 뿐이다. 열정을 가지고 즐기면 잘 버는 것이다. 그러면 물질은 따라오게 되어 있다. 돈을 좇아가면 결국 돈의 노예가 되어 못 버는 어리석은 자가 된다. 자신이 하고 있는 학업과 일에 즐기는 법을 터득하라. 그러면 세상 그 어떤 게임보다 재미난 스토리를 찾게 된다.

에너지를 전환 시켜라!

"중독의 체험을 통해 얻은 몰입감을 생산적인 에너지로 전환하라.
천재에게 필요한 재능 중에 한 가지는 집착이라는 능력이다.
중요한 것은 무엇에 집착하느냐이다."

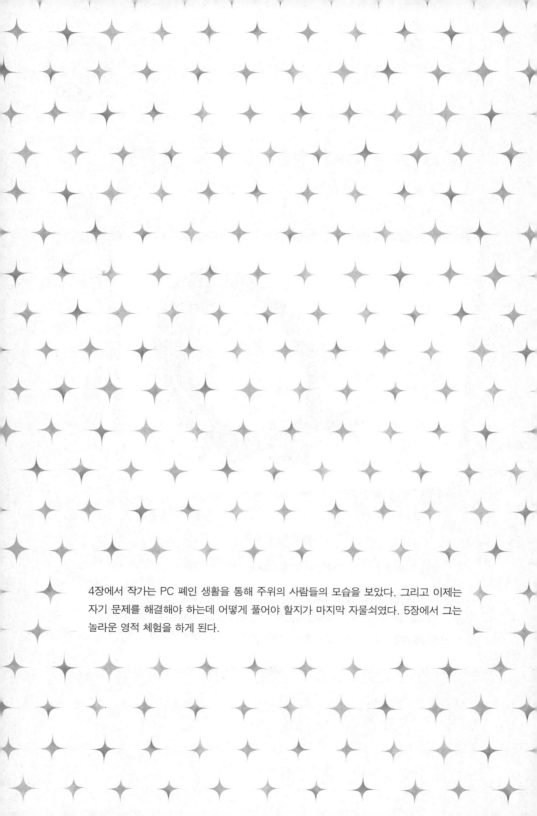

4장에서 작가는 PC 폐인 생활을 통해 주위의 사람들의 모습을 보았다. 그리고 이제는 자기 문제를 해결해야 하는데 어떻게 풀어야 할지가 마지막 자물쇠였다. 5장에서 그는 놀라운 영적 체험을 하게 된다.

곰롬과의 대면

어느 순간부터인가 나는 PC방 생활이 지겨워지기 시작했다. 벗어나고 싶었다. 그런가 하면 얼마 지나지 않아 또 PC방이 그립거나 게임을 하고 싶기도 했지만 궁극적으로는 벗어나고 싶었다. 뭔가 재미있고 생산적인, 어렴풋이나마 다른 사람에게 선한 영향을 주는 그런일을 하고 싶었다. 그러나 나는 할 수 있는 게 아무것도 없었다.

부모님의 얼굴이 떠올랐다.

"내가 지금 뭐하고 있는 거지?"

그러나 나로서는 이 PC방을 벗어나서 할 것이 없었기에 눈만 뜨면 습관적으로 향하는 곳은 PC방이었다. 꿈과 목표를 잃어버린 나는 이미 게임의 노예가 되어 버린 것이다. 내가 간절히 찾고 있는 나의 소중한 것들은 어디에 있으며, 나는 이제 무엇을 해야만 하는

가…….

어느 추운 겨울날이었다. 보고 싶은 영화가 한 편 있었다.

'반지의 제왕 : 반지 원정대', 환타지 소설을 원작으로 한 영화였다. 그 당시 최고의 CG! 그리고 환상의 세계로 떠나고 싶은 열망, 잠시나마 게임도 잊고 싶었다. 그래서 영화를 보러 갔다.

반지의 제왕 개봉 첫째 날, 상영하던 심야영화를 혼자 보러갔다.

부산대학교 근처에 있는 영화관이었다. 줄거리는 가슴에 와 닿는 것이 없었지만 지겨운 일상을 벗어나게 해주는 영화였다. 그리고 새벽 3시경에 집으로 돌아와 따뜻한 이불 속으로 기어들어 갔다.

그리고 오후쯤 눈을 떴다. 집은 온통 엉망이었다. 2평 남짓의 반지하방, 이곳에 산지도 어언 3년이 되어 간다. 방세가 몇 달째 밀렸다. 그런데 내 방이 그렇게 더럽다는 것을 그제야 알게 되었다.

더 놀라운 것은 한 쪽 벽면이 시커먼 색이었다. 온통 곰팡이였다. 그리고 그 벽 아래로 쓰레기 같은 것이 보였다. 수많은 머리카락들이 섞여 있었다. 오른쪽 벽에 내 책상이 있고, 그 밑에는 언제부터 굳었는지 알 수 없는 컵라면이 엉겨 있었다. 라면 국물에 머리카락이 접착제처럼 붙어 쉽게 떨어지지도 않았다. 곰팡이가 핀 벽면 왼쪽 벽에는 큰 전신거울이 못에 걸리지 않아 비스듬히 서있다.

나는 그 비스듬한 거울 속 누군가와 눈이 마주쳤다. 낯설기도 하

> 게임에 빠져 있으니 친구도 없다.

고, 익숙하기도 한 얼굴이었다.

'누구지? 난가?'

그런데 놀랍게도 내가 알고 있는 내 모습이 아니었다. 어젯밤 영화 속에 등장했던 그 골룸이 나를 따라와 우리 집 거울 속에 들어가 있는 것이었다. 그리고는 거울 속에 앉아 나에게 속삭였다.

'My precious!'(나의 보물)

내가 골룸으로 변한 것이다. 어느새 머리털이 다 빠졌고, 쭈글쭈글한 얼굴에 등은 휘어져 가고 있었다.

나는 가슴이 시리도록 저려오면서 눈물이 났다. 그리고 그 거울 속 골룸에게 말을 걸었다.

'너, 인생 그렇게 살다 죽을거니?'

내 눈에 뜨거운 눈물이 흘러내리기 시작했다.

그리고 속옷이 젖을 때까지 하염없이 울었다.

소리조차 나지 않는 뜨거운 눈물은 마음속으로 타고 흐르기까지 했다. 아버지 돌아가시고 갈 곳이 없어 교회에서 울었던 그때 이후로 참 오랜 시간이 걸렸다. 10년이 흘렀던 것이다.

한참 울고 난 뒤, 문득 어디선가 들은 적이 있는 문구가 떠올랐다.

'너의 에너지를 전환하라.'

나는 빠진 머리칼을 보며 생각했다.

나는 여태 썩을 것을 위해 컴퓨터 앞에 앉아 있었던 것이다.

그때 마음에서 "이기기를 다투는 자마다 모든 일에 절제하나니 그들은 썩을 승리자의 관을 얻고자 하되 우리는 썩지 아니할 것을 얻고자 하노라"(고린도전서 9:25)라는 말씀이 들려왔다.

컴퓨터 전문인 선교회 간사로 들어가다

골롬사건 몇 달 전에 고신대학교 차 교수님과 함께 중앙대학교에 가서 CALL(Computer accessing Language Learning) 논문발표회에서 내가 생각해낸 작품을 발표한 적이 있다. CALL이라는 학문은 대학원에서 진행하고 있는 연구 프로젝트 중 하나인데, 컴퓨터를 통한 영어 학습 연구 프로그램이었다. 이것을 학자들이 정기적으로 발표하곤 했다. 그런데 나의 아이디어가 차교수님을 통해 발표되었던 것이다.

제목은 "Word Cup(워드컵)"이었다.

이 프로그램은 내가 개발한 소프트웨어 아이디어이다. 영어단어 암기 학습 프로그램이다. 2002년 월드컵이 시작되는 시점에 월드컵을 생각하며 만든 4:4 게임용 워드컵으로 네트워크 단어 게임 프로그램이었다.

나는 'Word Cup'을 구현하고자 플래시를 독학하기 시작했다. 그러나 내 머리로는 한계가 있었다. 주어진 환경은 너무 열악했다. 결국 구연할 능력이 없어 PPT로 만들어 발표했다.

나는 이것이 내 인생을 바꿔 줄 것이라 생각했다.

경제력을 가진 사업자가 나타날 줄 알았다. 이 프로그램이 실제적으로 만들어진다면 '아마도 나는 돈방석 위에 올라앉을 것이다'라고 생각했다.

그 꿈을 안고 준비하며 발표했다.

박수는 많이 받았다. 그러나 그 뿐이었다. 그리고 10년 후에 우리나라에서는 컴퓨터를 통한 영어 학습법이 활기를 띠게 된다.

내가 프로그램을 개발할 당시는 2001년 8월이었다.

나는 그때도 그렇게 허황된 꿈을 꾸고 있었다. 그러나 어느 기업가도 나타나지 않았다. 실망감은 시간이 흐를수록 커져 갔다.

수많은 교회도 별 관심이 없었다. 결국 내가 제작하던 디렉터 이야기 성경이 플래시 성경으로 업그레이드된 것에 만족해야만 했다. 그 당시 내 손을 통해 성경 플래시가 제작되어 각 교회로 나갔다.

그 와중에도 내게 위로의 메시지가 들려왔다.

"너의 에너지를 전환하라."

'나보고 어떻게 하라는 말이지?……'

나는 "Word Cup" PPT 기획 프로그램을 가지고 컴퓨터 전문인 선교회로 찾아갔다. 그곳에 친분이 있었기 때문이다. 그리고 이 프로젝트를 김OO목사님에게 제안했다. 돌아온 답변은 "나는 이 프로그램의 결과보다 열정을 가진 문해룡씨가 필요합니다. 우리 선교회에서 이 프로그램을 구현해 보는 것이 어떨까요?"였다.

연구 장소와 식사를 제공하겠다고 했다. 그리고 프로그램 전문 간사를 붙여주었다. K 간사님이었다.

그곳에서 자원봉사를 시작했다.

우리는 매일 밤 늦게까지 함께 기획하며 프로그램을 만들기 시작했다. 물론 나는 겨우 옆에서 프로그램을 배우는 정도였지만 기획은 내 머리 속에서 나왔다.

그러나 처음 기획과 같이 구현하기에는 자본력과 기술력의 한계를 느껴야 했다. 중소기업을 통해 상품화할 능력도 되지 않았다. 아니 그런 생각조차도 못했다.

결국 몇 달이 흘렀다. 김목사님으로부터 다른 제안이 나왔다.

"차라리 성경 타자 통독을 만들어 보는 것은 어떻겠소?"

'Word Cup'은 만들 수 없지만, 현 단계에서 '성경 타자 통독'은 만들 수 있겠다는 결론이 났다.

김 목사님의 제안으로 K 간사님과 나는 이 사업을 진행했다.

면류관 제도, 등급, 그리고 아이템, 실시간 경쟁과 보상 등 'Word Cup' 아이디어의 10분의 1에도 못 미치는 프로그램이지만 성경 타자 통독은 대박을 쳤다. 지금은 많은 교인들이 성경 타자 통독을 알고 사용하고 있다. 뿐만 아니라 다른 기독교 사이트에서도 비슷하게 구현된 것을 보았다.

나는 그곳에 없어서는 안 될 중요한 사람이 되어 가고 있었다.

선교회 가족들로부터 위로와 사랑을 받았다. 나는 다시 한 번 존재감을 느꼈다. 주일학교 교사 이후로 다시 느껴보는 보람과 행복이었다. 건강도 되찾기 시작했지만, 무엇보다 꿈을 다시 찾고 싶었다.

그리고 더 이상 머뭇거리지 말아야겠다는 깨달음이 있었다.

서른 살이 다 되어 갔다. 수입이 따로 없었다. 대학 졸업도 해야 했지만 3학년도 못 마친 상황이었다.

그리고 결혼도 해 가정도 이루어야 했다. 갈 길이 멀었다. 그 당시만 해도 서른 살 넘어가면 노총각 소리를 들었다. 그러나 빚은 계속 늘어 여전히 몇 천만 원, 매월 생활을 유지 할 수 없었을 뿐 아니라 등록금도 마련할 수 없었다. 모든 게 빚이었다. 빨리 대학을 졸업해야만 했고, 다음 진로를 선택해야만 했다. 그래서 잠시 내려놓았던 꿈에 대한 기도의 끈을 붙잡게 되었다.

> 자신을 찾는 것은 하나님이 주신 일이 있을 때다.

얼마 지나지 않아 응답이 왔다. 그것은 바로 내가 아프리카에서 석양을 바라보며 서원했던 사역의 길이었다.

'하나님, 제가 영성도 없고, 배우지도 못했고, 가진 것도 없고, 그렇다고 영적 스승, 영적 부모도 없지만 허락만 하신다면 목회자의 길을 가고 싶습니다. 청소년 사역부터 감당하겠습니다.'

그 서원을 다시 붙잡았다.

아프리카 레소토 선교지에서 하나님께 드린 기도가 다시 기억났던 것이다. 이전에는 목사가 되는 것이 짝사랑하는 여인을 얻기 위한 꿈이었다면 이제는 달라졌다. 아프리카에서 선교 봉사 활동하며 보고 느꼈던 것이 많았다. 한 영혼을 살리기 위한 수많은 시간과 땀, 그리고 헌신들, 그곳에서 체험한 것들이 기억나기 시작했다. 그 전에는 먹고 살고 내가 사랑하는 사람과 만나 행복하게 사는 것이 꿈이었다면 이제는 나를 위한 삶이 아닌 다른 영혼을 위한 삶의 대한 가치를 재인식하는 순간이었다. 특히, 하나님께서 나를 향한 계획을 깨닫기 시작했다.

섬김으로 얻은 것들

선교회에서 한 1년을 봉사하며 섬기는 가운데 나는 점점 영적으로 회복되어 갔다. 그리고 나의 견고한 진이 점점 사라지는 것을 보았다. 그 중에 한 가지는 내가 가지고 있는 것이 얼마나 많은지를 깨닫게 된 것이다.

어느 날 선교회의 사모님께서 나에게 이런 말을 하셨다.
"해룡 간사님은 참 은사가 많은 것 같아요. 영문학과 전공도 하고, 찬양도 잘하고, 컴퓨터도 잘 다루고, 성격도 좋고, 앞으로 목사가 되면 쓰임을 많이 받겠어요."
나는 이 사모님의 말이 하나님의 위로로 들렸다. 내가 가지고 있는 재능이나 은사도 있다는 것을 알게 되었다. 나는 지금까지 키도 작고, 돈도 없고, 학벌도 낮고, 부모도 없는 루저, 찌질이라고 생각했지만 이제는 바뀌었다. 영어도 좀 하고, 찬양도 좀 하고, 컴퓨터도 좀 하고, 그리고 말씀을 선포하는 목사가 된다는 것은 어쩌면 이 시대에 꼭 필요한 은사를 가진 자라는 자존감과 감사가 흘러나왔다. 그리고 "이는 하나님께서 외모로 사람을 취하지 아니하심이라"(로마서 2:11)라는 말씀에 용기를 얻어 사역의 길로 가기로 다시 다짐하고 선교회를 나오게 되었다.

획득한 특성화

나는 나의 에너지를 전환함으로서 얻은 것이 많다.

컴퓨터 하드웨어 수리, 플래시 프로그램, 게이머.kr, 참착한교회.kr 등 다수의 교회 홈페이지 제작, 성경 타자 통독 개발 참여, 영문학과 전공 등 많은 나만의 특성화된 능력을 가지게 되었다. 나의 이런 재능 때문에 비록 키는 작아도 하나님의 일을 하는 데 있어 유용한 일꾼이 될 수 있었다.

오늘날은 교회마다 시대에 맞는 전문가를 필요로 한다. 그런 면에서 젊은 날 열정을 다했던 나의 노력과 준비는 결실을 맺었다고 할 수 있다. 사람은 얼마나 버느냐가 중요한 것이 아니다. 그리고 얼마나 중요한 위치에 있느냐 하는 것도 그리 중요한 것은 아니다. 중요한 것은 그 공동체에서 '나는 어떤 존재인가'이다.

나는 많은 은사를 받았다. 무엇보다 나는 이 섬김 이후로 내 자신에 대한 가치와 삶의 가치를 발견하게 된 것이 가장 큰 은혜라고 생각한다. 한 마디로 전직하여 새로운 특성을 배운 하나님의 아바타가 된 것이다.

" 지금,
나는 어떤 존재인가?"
생각하라.

"그런즉 누구든지 그리스도 안에 있으면 새로운 피조물이라 이전 것은 지나갔으니 보라 새 것이 되었도다"(고린도후서 5:17)라는 성경구절에 '피조물' 대신 '아바타'라는 단어로 바꾸어 보았다.

나는 하나님의 아바타이고 싶다.

사람이 엉뚱한 곳에 자꾸 에너지를 소모하면 득보다 실이 많을 것은 자명한 이치다. 에너지가 넘치는가? 자꾸 게임 하고 싶고, 어디든 마음껏 에너지를 분출하고 싶은가? 그렇다면 저자의 주장에 집중하라. 저자는 나를 살리고, 우리를 살리고, 모두를 살리는 데 그 에너지를 사용하라고 강조한다.

현실적인 비전을 갖게 하라!

"행복한 가정이 최고의 소망이요, 위로요 치료의 공간이다.
행복한 가정을 소망하라."

작가의 가장 큰 소망은 가정을 이루고 하나님이 맡기신 작은 일에 동참하는 일로 바뀌었다. 그것이 비록 천한 목동일지라도 말이다. 행복은 높은 곳에 있는 것이 아니다. 소박한 가정일지라도 얼마든지 꿈꾸는 행복을 찾을 수 있다. 작가는 이 꿈을 그려가기 시작한다.

고통 속에 잠들지 못하는 밤

나는 전문인선교회를 함께 세워가자는 동역자들의 뜻을 뒤로 한 채 신학대학원 입학을 준비하기로 결심했다.

그리고 선교회 사역을 그만 두고 신학공부를 본격적으로 시작했다. 그런데 웬일인지 밤이면 잠이 오지 않았다. 외로웠다. 밤새며 놀고 일하던 습관을 하루아침에 바꾸는 것이 너무나 어려웠다.

밤 10시에 누워도, 새벽 1시에 누워도, 새벽 4시까지는 잠을 잘 수 없었다. 눈을 아무리 감고 있어도 정신은 너무나 또렷했다. 잠이 오지 않으니 점점 짜증이 났다. 너무나 괴로웠다. 그렇게 밤을 지새야했다.

어느 날은 양머리 수를 셌다. 양머리 수 헤아리다 날이 밝기도 했다.

어느 날은 복권을 사다 두고 당첨된 후를 생각을 하며 돈을 쓰기 시작 했다. 재미있었다.

만일 10억에 당첨된다면… 머릿속으로 그 10억을 펑펑 썼다. 행복했다. 그러나 그것도 쓸 때까지만 행복했다. 그래도 잠이 오지 않아 날이 샜다.

다음 날은 100억원을 쓰기 시작했다. 그러나 그 쓰는 종류는 똑같았고 행복하지 않았다. 돈쓰는 것도 지겨웠다. 허망했다. 잠이 오지 않았다. 화가 치밀어 올랐다. 그래서 애꿎은 베개를 치기 시작했다.

가위 눌림

어느 날 잠이 들었다. 분명히 잠이 들었는데 얼마 지나지 않아 깼다. 그리고 반 지하방의 한쪽 싱크대로 가서 물을 마시려 일어났다.

그런데 웬일인가?

그 자리에 다시 누워 있는 것이다. 다시 일어서서 싱크대까지 걸어갔다. 그러나 이번에도 난 잠자리에 그대로 누워 있었다. 목이 너무나 말라 타 들어가는 듯했다.

이번에는 재빨리 일어나 싱크대까지 빠른 걸음으로 갔다. 그리고 한손으로 싱크대를 잡고 한 손으로 수도꼭지를 잡아 틀었다. 그러나 매트릭스 영화에 나오는 주인공처럼 천천히 뒤로 끌려오는 것이었다.

'아~ 가위다.'

다시 찾아온 가위…….

난 어릴 때부터 가위에 눌리곤 했다. 그럴 때마다 엄마는 날 깨우기 위해 흔들며 뺨을 때리곤 했다. 그러나 좀처럼 정신이 들지 않아 애를 먹었었다.

어떤 날은 3일 밤낮으로 사경을 해맨 적도 있었다. 약을 먹어도 소용이 없었다. 천장에 매달린 귀신을 보고 기겁을 하기도 했고, 꿈틀거리는 괴물이 나를 휘감을 때도 있었다. 엄마의 품에 안겨있으면서도 악몽으로부터 깨어나지 못했다. 그때가 초등학교 4학년 때인 듯하다. 어린 시절 너무나 많은 가위의 고통으로 키가 자라지 못한 것 같다. 그런데 내가 가위에 눌려 시달리던 그 방에서 어머니는 내가 중학교 1학년 때 돌아가셨다.

그 가위 눌림이 한 15년 만에 다시 생긴 것이다. 허약해 진 것이다. 영적으로 육적으로 지쳐 있었다. 열심히 성경공부, 영어공부를 하며 신학대학원을 준비하고 있던 때라 심신이 허약해졌던 것이다.

피시방 폐인 생활과 그 연장선상이었던 과도한 업무, 그리고 몸보신을 잘 하지 않고 신학대학원을 준비하고 있던 때라 허약해졌던 것이다.

가위에 눌리면서 나는 생각했다.

'어떻게 일어나지? 내 옆에는 아무도 없는데…….'

꿈속에서도 곰팡이 냄새를 느꼈다. 불빛 한 가닥 없는 칠흑 같은 방, 가슴이 조여 왔다.

'이렇게 심장마비로 죽는구나.'

순간 등 뒤에 무언가가 붙어있다는 것을 느꼈다. 내 등 뒤에서 내

어깨를 잡고 나를 끌어당기는 검고 물컹한 것이 느껴졌다. 잡았다. 그리고 그 물체를 떼어내기 위해 당겼다. 쭉쭉 늘어났다. 가제트 팔처럼 늘어날 뿐 떨어지지 않았다.

'이건 뭐지? 어떡하지……?'

심장은 자꾸만 조여 왔다. 불안감은 심장을 더 조여 왔다.

이 때 갑자기 어제 낮에 읽은 성경 말씀이 기억났다.

"베드로가 가로되 은과 금은 내게 없거니와 내게 있는 것으로 네게 주노니 곧 나사렛 예수 그리스도의 이름으로 걸으라 하고"(사도행전 3:6).

'그래, 나사렛 예수의 이름은 권능이 있지!'

그리고 그 말씀을 그대로 소리 내어 꿈속에서 암송하며 외쳤다.

'곧 나사렛 예수 그리스도의 이름으로 걸으라!'

나는 정확히 꿈속에서 외우는 듯했다.

그리고 가위에서 해방되기 시작했는데, 실제로 깰 때 내 목에서 "예에~~~~~~~~~~~~~~~~~쑤우~"라는 소리를 내면서 깼다.

사단이 내가 신학대학원에 가는 길을 방해하고 있었다는 생각이 들었다.

대학원 준비

나이를 먹을수록 외로움은 더 커져갔다. 집에서 공부한답시고 했지만 자기 관리가 되지 않았다. 그렇게 한 달, 한 달의 시간이 흘러가기 시작했다.

대학원 진학을 위해 대학 도서관에서 살기로 했다. 자갈치시장에서 3만원을 주고 산 침낭을 가지고 4학년 2학기를 대학원 준비 하느라 도서관에 자리를 틀었다.

월요일에 학교에 오면 도서관에서 제일 전망이 좋은 곳을 차지하고 앉았다. 내가 다니는 학교는 영도에 위치하고 있어서 오륙도가 훤히 보인다. 날씨가 좋은 날은 대마도도 보인다.

그리고 월요일에 잡은 자리를 일주일 동안 차지했다. 시험기간일 때는 자리를 잡기가 하늘의 별따기였다. 자리가 없어 메뚜기처럼 뛰는 학생들도 많았다.

나는 도서관에서 학업에 열중했다. 비록 게임만큼 몰입과 집중은 되지 않았지만 포기하지 않았다.

월요일부터 토요일까지 도서관에서 지냈다. 밤이 되면 침낭을 가지고 동아리 방에 들어가서 잤다. 그리고 다음 날 아침이면 다시 도서관에 가서 자리를 차지했다.

그리고 나는 다음 해 내가 원하는 대학원에 입학하게 되었다.

나의 자취방을 정리하고 천안에 있는 대학원의 기숙사로 거처를 옮겼다. 대학원의 기숙사는 더 이상 나를 배고프게 하지 않았다. 월세 밀렸다고 독촉하는 사람도 없었다. 곰팡이도 없었다. 깨끗한 매트리스와 이불은 나를 행복하게 했다. 마음껏 쓸 수 있는 온수가 콸콸콸 쏟아졌다. 부산과 다르게 눈이 많이 내리는 곳이라 운치도 있었다.

내 육신은 안식을 찾기 시작했다. 그곳에서는 지금껏 나를 지배하던 나쁜 환경은 찾아 볼 수 없었다. 그러나 여전히 남은 것이 있었는데 외로움이었다.

그리고 신학공부는 더 어려웠다. 새벽에 일어나 새벽기도에 참여하는 것은 더더욱 힘들었다. 암기할 것도 많았다. 밤늦게까지 공부하는 것은 힘들지 않았지만, 이미 컴퓨터로 많은 시간을 보낸 나에게 글을 읽고 암기하는 것은 크나큰 고통이었다. 잘못된 생활습관과 운동을 하지 않아 밤에 잠이 오지 않았다. 체력도 바닥이었다.

'일찍 자고 내일은 새벽기도 가야 할 텐데…….'

'앞으로 목사가 될 녀석이 새벽기도를 드리지 않고서야…….'

장가만 가게 해 주세요

이제 전도사가 되었다. 외로움은 여전 했지만 대학원 교수님 두 분과 개척한 C교회에서 중고등부를 섬기는 사역은 너무나 재미있었다.

중학교 1학년 여학생 1명을 맡아 시작한 중고등부는 1년 만에 15

명으로 불어났다. 교사도 2명 세우게 되었다. 처음 참여해보는 개척 교회 생활은 너무나 행복하고 재미있었다. 나는 이때를 잊지 못한다. 그래서 지금 나는 담임목사로 개척 사명을 감당하고 있다.

그때 전도사 시절 받은 사례금은 30만원이었다.

내 평생 가장 안정적인 수입이었다고 할 수 있다. 학습지 영업, 과외, 퀵 택배 시절처럼 이번 달은 얼마 벌까 고민하지 않아도 되고 위험성도 없었다. 공장 다니던 시절처럼 더럽거나 인격적으로 부당한 대우를 받는 일도 없었다. 그리고 사례금을 저축하여 매학기 등록금을 준비했다. 참 놀라운 것은 대학 시절의 빚은 3,000만원 가까이 불어났지만, 대학원 시절의 빚은 하나도 없었다. 학교의 장학금과 현교수님, 최교수님의 도움으로 말미암아 매 학기마다 등록금은 해결되어져서 한 번도 휴학하지 않고 학업을 계속할 수 있었다. 하나님의 은혜였다.

그러나 나의 외로움은 해결되지 않았다. 가정에 대한 갈망은 더 커져갔다. 그래서 더 열심히 성경공부를 하며 사역했다. 그러나 장가 갈 수 있을까? 키가 작아서…….

예전에 결혼하고 싶은 기준이 있었다.

언젠가 한 청소년 강사가 자기의 결혼 에피소드를 이야기했다.

그 강사는 자기가 결혼할 여자를 두고 날마다 기도했다고 말했다. 그리고 그 강사는 자기가 원하는 사이즈의 여자 청바지를 사다 방에 걸어뒀다고 했다. 아주 날씬하고 예쁜 청바지, 그 당시 최고의 배우였던 전지현씨 같은 배우가 입고 다니던 청바지라고 말했다.

'하나님, 저 청바지 사이즈에 어울리는 여자를 주세요.'

그 강사는 뜻하는 바를 이루었단다.

그 강사는 하나님이 주신 아내가 지금의 아내라며 너스레를 떨었다. 그러면서 하는 말이 "꿈을 버리지 말고 계속 기도하십시오"라는 것이다.

나는 대학원을 다니며 생각하게 되었다. 예전에는 짝사랑하던 여성을 두고 포기하지 않고 기도했었다. 그 강사의 말처럼 말이다.

그러나 이제는 완전히 달라졌다. 대학원에 합격하고 입학 전까지 나는 대학원 기숙사에 혼자 거주한 적이 있었는데, 외로워서인지 미래의 아내 상에 대해 많은 생각을 하며 이상형을 그리기 시작했다.

'이런 아내를 주소서!'

1. 여자로만 보이면 좋겠습니다.

(나는 키 154cm의 루저다. 부모도 없다. 돈도 없다. 아무것도 가진 것이 없는 내가 무엇을 바라랴!)

2. 말이 통하는 친구 같은 여자였으면 좋겠습니다.

(친구 같은 여자, 편한 여자, 나를 이해해 주는 여자)

3. 지혜로운 여자였으면 좋겠습니다.

(나랑 뜻이 통하는 여자, 함께 같은 곳을 바라보는 여자)

4. 자녀를 4명 낳을 여자였으면 좋겠습니다.

(따스한 가정, 행복한 가정을 만들 수 있는 여자)

내가 꿈꾸는 이상적인 가정

철없던 시절에 꿈꾸던 나의 이상형과 전도사가 된 이후에 그려본 이상형은 너무나 달라져 있었다.

이렇듯 나의 이상형과 가정에 대한 소망이 바뀌게 된 데에는 계기가 있다.

교회를 신실하게 다니는 가정을 볼 때마다 공통적으로 내 눈에 비친 것이 있다. 그것은 행복, 안정, 감사, 그리고 잘 자라나는 자녀들이었다.

그분들은 무엇 때문에 저렇게 행복하게 보일까?

물론 교회를 다니고 있지만 그렇지 못한 가정들도 있다. 그런데 내가 본 것은 부부가 신앙 안에서 인내하며 고난을 극복하고, 안정된 삶 속에서 자녀들을 양육하는 모습이었다. 그분들이라고 삶이 언제나 탄탄대로만은 아니었다. 그러나 신앙 안에서 소망을 가지고 인내하는 가운데 문제들을 해결해 나가고 있었다. 그리고 자녀들도 그 가정이라는 울타리 안에서 행복을 누리는 것을 보았다.

내가 7년 반 동안 짝사랑했던 그 여학생의 가정이 대표적인 예이다. 나와 생년월일이 같았던 그녀의 가정은 내 눈에 늘 따뜻해 보였다. 그녀의 가정에도 왜 고난이 없었겠는가? 그러나 그 고난도 신앙으로 극복하는 것을 보았다. 그녀가 늘 1등하거나 승리하는 것도 아니었다. 그러나 자족하며 누리는 삶을 나에게 보여 주었다.

'왜 그 가정들은 나의 가정과 다른가?'
'나도 그들처럼 행복을 누리며 살 수는 없는가?'
나는 늘 그것이 의문이었다. 그리고 급기야 나는 하나님을 원망한 때도 있었다. 나도 신앙생활 시작했는데 왜 나에게는 복을 주지 않느냐며 떼를 쓰기도 했다.

그럴 때마다 하나님은 나에게 그 어떤 대답도, 현현도, 천사도 보내주지 않았다. 그래서 더 막무가내로 산 삶이 PC방 폐인생활이었다.

그리고 교회에 가면 언제나 기둥 뒤에 숨었다. 목사님의 설교를 들으면서도, '말이사~ 성경 말씀이 꼭 다 맞는 건 아니거든요'라고 마음속으로 답변했다.

그리고 다시 PC방으로 향했다. 당시에는 그곳만이 내가 누릴 수 있는 행복과 자유가 있는 장소였다. 그러나 그곳은 나를 골룸으로 만들어 갈 뿐이었다.

그러던 어느 날이었다.
예배 시간에 십계명을 읽는데, 특별히 큰 글씨로 보이는 성경 말씀이 있었다.
"십계명 〔十誡命, Ten Commandments〕
제일은, 너는 나 외에는 다른 신들을 네게 두지 말라

제이는, 너를 위하여 새긴 우상을 만들지 말고 또 위로 하늘에 있는 것이나 아래로 땅에 있는 것이나 땅 아래 물 속에 있는 것의 어떤 형상도 만들지 말며 그것들에게 절하지 말며, 그것들을 섬기지 말라 나 네 하나님 여호와는 질투하는 하나님인즉 나를 미워하는 자의 죄를 갚되 아버지로부터 아들에게로 삼사 대까지 이르게 하거니와 나를 사랑하고 내 계명을 지키는 자에게는 천 대까지 은혜를 베푸느니라……"(출애굽기 20:2~17).

"나를 사랑하고 내 계명을 지키는 자에게는 천 대까지 은혜를 베푸느니라"라는 말씀 중에 특히 "자자손손 천대까지 은혜를 베푼다"는 말씀이 내 눈에 꽂혔다.

내 가슴을 치기 시작했다.

내 삶에 있어 항상 의문점은, 나는 왜 이토록 고통을 받고 살아야 하나였다. 부모도 없고, 돈도 없고, 가방 끈도 짧고, 키까지 작은 나에게 하나님은 도대체 뭘 주셨냐는 것이 나의 원망이었다.

그리고 왜 그 여학생은 나와 같은 날 태어났는데도 그토록 복을 받고 자라는지를 도대체 알 수 없었다. 나는 더 열심히 새벽기도도 했고, 열악한 환경 속에서도 꼬박꼬박 십일조를 드리고, 봉사하고 건축헌금도 했지만 나에게 오는 축복은 없었다. 그래서 하나님이 원망스러울 뿐이었다.

그런데 그 성경 말씀을 보는 순간 그녀가 축복 받는 이유를 알게 된 것이다. 그녀가 축복 받는 이유는 그녀가 예뻐서도, 똑똑해서도, 착해서도 아니고 바로 부모의 신앙 때문이었다고 생각됐다. 그녀의 부모가 자녀 양육을 위해 얼마나 많은 눈물을 흘렸으며, 하나님 나라를 위해 얼마나 많은 헌신을 했겠는가?

반면에 나의 부모는 그런 삶을 살지 못했다. 내 부모님도 내가 행복하게 잘 되기를 바란 것은 마찬가지이다. 그러나 돈 많이 벌고, 출세하여 잘 살기를 바랐지, 그 외의 다른 행복한 삶도 있다는 것을 나에게 가르쳐주지 않았다.

나는 그때부터 기도 제목이 바뀌었다.

그리고 다시 한 번 나의 서원기도를 올렸다.

'하나님, 내가 비록 가난하여 폐휴지와 박스를 줍고, 구두닦이를 하거나 리어카를 끌고 다니며 어려운 삶을 살지라도 내 자녀만큼은 믿음을 가지고 살도록 가르치는 아버지이고 싶습니다. 성실하고 정직하게 그리고 믿음을 가지고 하나님을 섬기는 자가 될 테니, 장가만 가게 해 주세요.'

이전의 기도가 그냥 힘드니까 매달리는 기도였다면, 그때의 기도는 약속의 말씀을 붙들고 했다는 점에서 차이가 있었다.

그 차이는 너무나 큰 차이였다. 그것은 확신을 가지게 하고 인내하게 하며, 하나님께로 가는 가장 빠른 길이란 것을 그때서야 알게 된 것이다.

'기도로 자란 자녀는 결코 망하는 법이 없다'라는 유명한 말이 생각났다.

내가 하나님을 사랑하고 내가 먼저 계명을 지키면, 내 후손 천 대까지 은혜를 베푸시겠다는 약속을 받았다. 믿음의 자녀들이 복을 받는 이유는 바로 믿음의 조상들이 있었기 때문이고 믿음의 부모가 계시기 때문임을 알았다.

나는 너무나 중요한 영적 원리를 몸으로 터득했다. 그리고 나의 서원기도는 내 나이 마흔 살에 큰 규모는 아니지만 그래도 한 교회의 담임목사가 되었고, 4명의 자녀를 선물로 받아 내가 꿈꾸던 가정을 이룸으로써 열매를 맺었다. 나를 팔불출이라고 할지 모르지만 나는 지금 착한 아내와 4명의 귀여운 자녀를 둔 행복한 가장이다.

아내와의 인연

다시 말하자면 내가 친구를 따라 처음으로 교회수련회에 가던 날, 나와 생일이 같은 자매를 보고 짝사랑을 했으며, 나는 하나님께 그 자매를 내 짝으로 달라고 기도했었다. 그러나 나는 그녀를 얻지 못했다.

그런데 내가 그 여인을 바라보고 넋을 놓고 있을 그때 내 아내도 그 자리에 있었단다.

그 당시 내 아내는 할머니 집사님을 따라 고등부 수련회에 온 어린아이였다. 간식을 나르던 할머니 옆에 9살짜리 여자아이가 따라다니고 있었지만, 나는 그때 그녀의 존재를 전혀 몰랐다. 그리고 참 재미난 것은, 아내는 내가 주일학교 교사로 섬길 때 우리 반 학생이었다. 그때 아내는 중학교 1학년이었고, 내 나이는 22살이었다.

이 중학교 1학년 학생들은 고등학교 때까지 줄곧 내가 맡아 주일학교 교사를 했다. 그들이 고 1때 아프리카 선교와 잠시 타교회로 떠났던 몇 개월을 제외하고는 말이다.

　내 아내는 교회에서 겉도는 여학생 몇 명 중에 한 명이었다. 물론 그녀의 부모가 누구인지, 형제자매가 어떻게 되는지는 잘 알고 있었다. 그런데 내 아내는 나를 제일 싫어하는 여학생이었다. 그래서 내 말이라면 지독하게도 안 듣는 나쁜 여학생이었다. 나에게 관심을 받으려는 것이 아니라 진짜 나를 싫어했다. 그렇다고 싸우거나 갈등이 있었던 것은 아니다. 그냥 선생님인 나를 싫어하는 주일학교 학생이었다.

　그녀가 23살이던 해, 나는 대학원을 다니며 교회 2년차 전도사를 맡고 있었다.

　그녀가 여름방학 청년수련회에 참석하기 위해 내가 있는 천안의 대학원으로 왔다. 물론 그 또래 청년들은 거의 대부분 내가 가르치거나 잘 아는 청년들이었다. 그들의 청소년기를 함께 보낸 유일한 교사였기에 내가 총각이었음에도 불구하고 달려들어 팔짱을 쉽게 끼는 자매들도 있었다.

　내 아내 지나는 오랜만에 만난 나에게 깍듯이 인사를 했다.
　2박 3일 간의 청년수련회 기간 중 잠시 같이 이야기를 나눌 기회가 있었다. 그녀의 부모 이야기, 할머니가 돌아가신 이야기, 그리고 방황의 시절들에 대해 듣게 되었다. 여동생 이야기, 직장생활 이야기, 교회 이야기, 거기에다 사귀다 헤어진 남자친구 이야기까지 소소한 이야기들을 모두 들었다. 그리고 10월경에 뉴질랜드로 떠난다는 이야기도 했다. 나는 전도사로서 선생으로서 기도를 하고, 우리는 헤어졌다. 다시는 만날 일이 없을 듯 한 상황이었다.

그리고 한 일주일이 흘렀다. 지나에게서 전화가 왔다.

그런데 그녀가 운다. 말은 하지 않고 계속 우는 것이다. 그리고 한참 뒤에 말을 이어갔다. 사건이 터진 것이다.

그녀가 늦은 밤 직장을 마치고 집으로 돌아오는 길에 집 근처 골목에서 치한을 만났다. 다행히 위기를 벗어날 수 있었던 것은 뒤따라오던 여동생의 친구 때문이었다.

치한은 도망을 갔는데, 하필이면 막다른 골목으로 도망간 것이다. 경찰을 불러 집을 탐색한 후 치한을 찾았다. 경찰서에서 대질 신문이 이루어졌는데, 치한이 끝까지 발뺌을 했다. 그런데 어처구니가 없었던 것은 치한의 엄마가 아들 편을 들면서, 처음에는 "어디서 거짓 증언하느냐"부터 시작하더니, 나중에서는 "네가 먼저 꼬신 것이 아니냐"고 우겼단다. 결국 새벽이 되어야 그 치한은 이실직고를 했다.

지나가 서러움에 북받쳐 나한테 전화를 한 것이다. 지나도 나처럼 부모님이 안 계신다. 딸처럼 키워 주시던 할머니와 할아버지도 돌아가셔서 그 당시 여동생이랑 단 둘이 살고 있었다. 아무도 도와 줄 사람이 없었다. 결국 그 치한의 엄마가 뱉은 마지막 몇 마디 때문에 지나는 합의를 봐줄 수 없었다는 것이다.

나는 그 말을 듣고 너무나 흥분했다. 안타까운 마음에 지나에게 마치 어린학생을 꾸지람 하듯 훈계를 했다.

"내가 늘 머라카더노! 여자는 밤늦게 돌아다니는거 아니라고 했잖나!"

내가 해줄 수 있는 것은 기도밖에 없었다.

그리고 기도를 해준 후 말했다.

"지나야, 수련회 때 받은 은혜를 이 사건으로 다 쏟으면 안 된다. 다시 이곳에 올라와서 은혜를 생각하고 힘을 얻고 돌아가라."

지나는 그래서 부산에서 천안으로 올라왔다.

그녀가 3일간 천안 기숙사의 게스트룸에 머물렀다. 그리고 그녀는 이곳에서 기도했다. 화요일 저녁에 올라와서 수요일 점심을 함께 먹었다.

천안의 독립기념관 근처에 있는 아주 맛있는 숯불고기 집으로 안내했다. 나는 지나에게 먼 타국에 가서 고생하지 말고 한국에서 좋은 사람 만나 결혼할 것을 권유했다. 내 주위에 있는 좋은 동생 전도사들을 소개시켜 주고 싶은 마음이 들었다. 솔직한 심정이었다.

"혹시 앞으로 목사 될 분이랑 결혼할 마음이 있니?"

"네."

"사치스러운 물건도 못하고, 하고 싶은 일도 마음대로 못하는 게 사모인데, 그래도 괜찮겠어?"

"어느 길이나 고생길인데, 주의 길을 가는 것보다 영광스러운 일이 있겠어요?"

"아이는 몇 명 낳을거야?"

"네 명이요."

아니 이럴수가…

하나님이 보내주신 짝인가?

나는 그녀의 이러한 답변에 그녀를 다시 보았다.

'남 주기 아까운데……'

그때 식당 밖에는 비가 내리고 있었다.

비가 부슬부슬 내렸지만 우리는 점심 식사 후 차에 있던 우산을 가지고 독립기념관으로 향했다. 공교롭게도 우산이 하나뿐이었다. 그 넓은 독립기념관을 돌아보는 동안 부슬부슬 내리는 비를 피하기 위해 최대한 꼭 붙어서 걸었다. 그런데 이상하게도 지나가 점점 여자로 보이기 시작했다.

그러나 선생과 제자, 나이 차이가 무려 9살, 나는 불현듯 느낀 여자로서의 지나를 지우려고 애썼다.

수요예배를 내가 인도하는 날이었다.

함께 섬기던 선배 여전도사님에게 지나를 소개하고 예배 안내를 부탁했다. 그리고 정신없이 수요예배가 끝났다. 그리고 나는 기숙사 방으로 돌아갔다. 지나도 게스트룸으로 돌아갔다.

저녁 9시 반쯤, 내 방을 지나가 노크했다. 할 이야기가 있다는 것이다.

"오늘 저녁에 나를 안내 해 준 언니가 누구예요?"

"동기 여자전도사님인데……. 누나."

"그런데 그 여전도사님이 해롱쌤에게 관심이 있는 것 같아요."

지나는 아직 장가 못간 내가 신경이 쓰였던 것 같다. 나는 여전히 그녀에게는 선생이다. 문전도사가 아니었다.

"아니야~."

잘라 말했다.

그런데 지나는 여자의 육감으로 자신있게 말 할 수 있다는 것이다.

"뭐라 카던데?"

그 여전도사님이 자기는 문전도사님 같은 타입이 너무 좋은데, 연상녀에게는 관심이 없는 것 같다고 말하더란 것이다.

내가 박장대소를 했다.

"지나야, 누나가 그런 말을 한 것은 다른 의도가 있는 것 같다."

"아니에요. 진짜예요."

나는 말을 끊으려 했다.

"됐다! 그만 가서 자라. 새벽기도 가야 한다."

"해룡쌤이 관심을 보이면 반응이 있을 테니 적극적으로 해봐요."

"아! 그게 아니라!!!"

사실 그 누나가 뜬금없이 처음 본 아가씨에게 그런 말을 왜 했겠는가? 부산에서 젊은 아가씨가 천안까지 올라왔는데, 그것도 문해룡 밖에 아는 사람이 없다고 하니까, 무슨 사연이 있나보다 하고 나와 지나를 엮어보려고 한 말이었던 것이다. 그런데 지나는 누나의 말을 곧이곧대로 들은 것이다.

순진한 지나, 내가 말해 줄 수도 없고, 말을 꺼내는 것 자체가 더 이상했다. 무엇보다 내 속에서 이렇게 어린 여자랑 어떻게 사귀냐?

그 당시만 해도 너무 많은 나이차는 이상하게 보였다.

어떤 목사님 중에는 설교 중에 물론 유머겠지만 6살 이상 차이 나면 도둑, 늑대가 아니라 원조교제라고 말하기도 했다. 물론 나도 좀 보수적인 사람이라 계속 내 자신을 눌렀다. 그러나 이미 나는 그녀가 여자로 보이기 시작해 버렸다.

나를 설득시키려는 지나의 노력은 계속돼 나는 말했다.

"지나야, 누나는 진짜 내한테 마음이 있는 게 아니라, 지나 니가 나를 어떻게 생각하느냐는 뜻이야."

내 머리 속에서 미리 상황을 대비해 답변을 준비했다.

첫째는 '헐~ 선생님 갑자기 왜 이러세요?' 하면 '그러니까 농담이지' 하면 끝. 그런데 지나의 그 다음 대답은?

"진짜 나랑 사귀자는 말이예요?"

"농담인거 같나?"

우리의 짧은 질문과 대답 속에 그린라이트가 되었다.

착한 나의 아내 '에제르'

우리는 서로 결혼을 위해 기도하면서 하나님이 허락하심을 확신하고 2004년 12월, 어머니의 기일인 목요일, 아버지의 기일인 금요일이 지난 다음날인 토요일에 결혼을 했다.

내 아내는 어린 나이인 23살에 나에게 시집을 왔다. 그녀도 부모 없이 어렵게 자랐다. 내가 아내에게 장가갈 때 빚이 한 3천만 원 정도 있었다.

아내는 근로 비자를 가지고 뉴질랜드로 떠날 예정이었는데 나한테 붙들린 것이다. 그녀가 모은 돈이 있었는데 천만 원 가량이었다. 우리는 그 돈으로 연애를 6개월가량 했고, 남은 돈으로 결혼식을 올렸다.

나의 아내가 나한테 시집 와 준 것은 그녀가 너무나 착하기 때문이다.

쓰라렸던 나의 인생 역정은 착한 아내를 얻으므로 말미암아 끝이 났다. 이제 추운 겨울은 끝이 났다.

내 아내 지나는 나의 '에제르'이다.

'에제르'는 히브리어로 아담이 독처하며 외로워 할 때, 하나님이 그에게 아내를 주셨는데 그 여자의 이름이다.

창세기 2장 18절에 나오는 히브리어 단어로서, 한국어 성경에는 '돕는 배필'이라는 말로 번역되어 있다. 이 '에제르'라는 단어에는 남자에게 있어 '절대적인 도움'이라는 의미가 내포 되어 있다. 그렇다. 하나님은 나에게 절대적인 도움인 '에제르'를 주신 것이다.

내 아내는 키 작고, 능력 없고, 부모도 없고, 가진 것이라고는 쌓인 빚뿐인 나에게 시집을 왔다. 그리고 나에게 알토란같은 아이 4명을 낳아주었다. 그리고 여전히 게임을 즐기는 남편인 나를 있는 그대로 묵묵히 받아들이면서 인내해 왔다.

아내가 나를 이해하기까지

사실 아내가 나를 이해하고 받아들여주기까지 많은 갈등이 있었다.

나의 모든 허물을 덮어주고 끝까지 인내해 준 나의 착한 아내는 우리 가정을 세워가는 데 있어 든든한 초석이었다. 나의 아내는 천사다. 지금까지 어려운 환경 속에서 아이들을 키우면서도 단 한 번도 귀찮아하거나 등한시 한 적이 없다.

아내라고 왜 힘든 상황이 없겠느냐마는, 4명이나 키우면서, (어쩌면 나까지 5명?) 아내는 늘 자신의 본분에 충실하고 아이들의 정서를 위해 최선을 다했다. 물론 오늘날 내가 목사로서 건강하고 온전한 삶을 살아갈 수 있는 것 또한 아내의 내조가 있었기 때문이다. 그런 아내를 위해 해준 것이 별로 없는 나는 정말 한심한 남편이다. 나는 오늘날까지 내 가정이 온전하게 유지될 수 있었던 것은 전적으로 아내의 역할이 컸다는 것을 말하고 싶다.

나로서는 온전한 가정을 세우고 네 명의 아이들을 잘 키워내고 있는 내 아내가 어찌 대단하지 않겠는가? 그저 고마울 따름이다.

작가는 기독교인의 현실적 비전은 거룩한 가정에 있다고 생각한다. 인류 역사상 이 현실적 문제가 영적인 문제를 뛰어 넘은 적이 거의 없다. 이것이 가능했던 사람들은 하나 같이 위대한 인물이 되었다. 그러나 의외로 소박하고 거룩한 가정을 이룰 때 행복을 찾고 그 안에서 위대한 인물이 탄생하기도 한다. 작가는 그 현실적 비전을 찾았고 갈망하며 소박한 꿈을 이루었다. 그리고 독자들에게도 그 '행복한 현실'로 초대하고 있다. 오늘날 많은 젊은이들이 이 '행복한 현실'을 거부하고 있다. 결혼은 끝이라고 생각하는 4포세대들에게 주는 초대장을 그들은 받아 들여야 한다.

현실의 갈등을 해결하라!

"게임으로 인한 가정의 갈등을 파악하라!
그리고 서로 이해하고 조정하라!"

작가는 사례 35만원을 받으면서 전도사직을 수행하며 결혼에 성공하여 자녀를 4명을 낳고 행복하게 살고 있다. 그러나 여전히 세 살 버릇이 사라진 것은 아니었다. 작가는 게임 마니아의 문제를 넘어서서 주위 가족들의 처신을 살펴 볼 것을 이 장에서 말한다. 분명히 원인 제공자는 게임 중독자라 할 수 있다. 그러나 가족 구성원들이 부채질을 하고 있지는 않은가? 가정과 사회의 갈등을 해소하기 위한 그의 주장을 살펴보라. 또한 게임 마니아는 자신이 그 공동체에서 자기 역할을 책임감 있게 수행하고 있는지 살펴 볼 것을 주장하고 있다.

네 명의 자녀와 개척교회

어느 날 나에게 여러 가지 사정으로 인해 11년 째 빚에 허덕이는 바람에 성도들도 흩어져 문을 닫을 형편에 처해있는 교회에서, 교회를 정리하는 가운데 마지막까지 남아있던 네 명의 성도를 위해 마무리 설교를 해 달라는 초청이 왔다.

할머니 1명, 자매 1명, 남자집사님 1명, 여자집사님 1명이 다였다.

11년간 지켜온 자신들의 영적 집이 무너져 내리는 것을 경험하는 그들을 보면서 나는 너무나 가슴이 아팠다. 흡사 결혼 전 빚더미에 앉아 있던 내 모습을 보는 것 같았다.

그러나 나와 달리 이들은 스스로 이 상황을 만든 것이 아니다. 불가항력이었던 것이다. 나는 하나님의 메시지를 통해 지난 11년간의 그들의 수고에 대해 위로해 줄 수밖에 없었다.

그런데 어찌된 일인지 며칠 만에 1억에 가까운 빚이 해결되어져 교회에 남아 있던 네 분과 함께 다시 교회를 일으켜 세우기 위해 이 교회의 담임목사로 부임하게 되었다. 이 기적 같은 이야기는 잠시 접어 두도록 한다.

개척교회다 보니 따로 사택을 구비할 여력이 없어서 3층 교육관의 부엌을 수리하여 임시로 살게 되었다. 우리 교회는 상가 건물의 2층과 3층을 빌려 쓰고 있다. 오래된 상가 건물이다. 그러다보니 환경이 좋지 않다.

본당은 상가 건물 2층에 있으며, 그 뒤편에 목양실이 있는데, 2층 지붕에는 비둘기 10여 마리가 산다. 비둘기들은 새벽마다 지붕의 플라스틱으로 된 스레트를 밟고 다닌다. 목양실이 지저분하여 새로 도배를 했지만, 비둘기 가족들이 지붕의 플라스틱 스레트를 망가뜨려 비가 샌다.

이때까지만 해도 하나님이 나에게 세 명의 자녀를 주셨을 때이다. 내 소망 속에는 네 명의 자녀가 있었으면 했지만, 교회가 이런 형편이다 보니 여러 가지 여건상 엄두를 내지 못하고 미루고 있었다. 무엇보다 개척교회이다 보니 다른 일은 생각할 여력조차 없었다. 그래서 개척교회가 우리의 넷째라고 생각하며 섬기려고 작정하였다. 그런데 그 와중에 뜻밖에도 원대한 계획을 가지신 하나님께서 우리 가정에 넷째를 주셨다. 형편이 나아지면 늦둥이라도 하나 보태보려고 계획했던 우리 부부에게 하나님이 또 하나의 선물을 주신 것이다.

우리 가정은 이 넷째를 통해 더욱 행복해졌다.

역시 하나님의 계획은 인간의 계획과 비교도 할 수 없을 정도로 탁월하셨다.

"이는 하늘이 땅보다 높음 같이 내 길은 너희의 길보다 높으며 내 생각은 너희의 생각보다 높음이니라"(이사야 55:9).

이 아이는 벌써 두돌이 된다. 얼마나 귀엽고 사랑스러운지 우리 부부는 이 녀석으로 말미암아 새 힘을 얻으며, 개척교회를 섬기면서 겪는 어려움을 잊을 수 있었다. 크나큰 하나님의 선물이었다.

나는 아직까지 문제남편이다

아내는 혼자서 4명의 아이를 데리고 다니는 자가운전자다. 아이들을 차에 태우고는 혼자서 병원, 마트, 교육센터 등을 분주하게 돌아다닌다. 내 아내는 슈퍼우먼이다. 그런데 문제는 남편인 내가 남편으로서의 자질을 제대로 갖추지 못하고 있다는 것이다.

교회와 성도를 섬기고 집으로 돌아오면 나는 나만의 공간 속에서 컴퓨터를 켜고 게임을 한다. 혹 성도들 중에는 "목사가 어떻게 저럴 수 있나?", "기도하고 말씀준비를 해야 할 공인이 어찌 저처럼 무책임한 행동을 할 수 있단 말인가?"라고 할지 모르겠다. 인내심 많은 내 아내도 가끔 그렇게 말한다.

나는 아주 특이한 목사다. 혹여 신실한 독자들 중에는 목사로서의 내 행위에 분노하면서 책을 덮어버리는 사람도 있을 것이다.

그러나 조금만 마음의 여유를 가지고 끝까지 내 이야기를 들어주었으면 한다.

내가 단지 목사의 위치에 있다 뿐이지, 오늘날 우리 사회에는 나와 같은 젊은 가장들이 늘고 있다. 우리는 이들을 배척만 할 것이 아니라 끌어안고 가야 한다. 그래서 나는 목사로서, 아버지로서, 남편으로서의 나의 치부를 이렇게 과감하게 드러내고 있는 것이다. 그러니 함께 공감하며 오늘날 많은 가정들에서 겪고 있는 이 문제를 우리가 어떻게 풀어가야 할 지 고민하고 기도할 수 있기를 바란다.

어떤 사람들은 스마트폰에 빠져 있고, 어떤 사람들은 SNS에 중독되어 있으며, 어떤 사람은 바둑에 빠져 있다. 그런가 하면 축구에 빠져 동호회 활동을 하느라 가정을 돌보지 않는 남편도 있고, 쇼핑에 빠져 가정을 돌보지 않는 아내와 어머니도 있다. 그 뿐인가 어떤 사람은 돈벌이에 바빠, 어떤 사람은 학문에 몰두하느라 가정을 돌아보지 않는 경우도 있다. 이처럼 중독현상은 우리 사회 전반에 걸쳐 지위고하를 막론하고 비일비재하다.

그러니 이 문제를 한 개인의 문제로만 돌리지 말고 함께 고민하는 기회가 되었으면 한다.

우리 집의 경우, 넷째 아이가 태어났다. 그 일로 지금까지 잘 해보지 못한 육아를 돕는 아버지가 되기 시작했다. 아내도 넷째는 젖병으로 키우기 시작했다. 그래서 젖병을 물리는 일이 나에게 주어졌다.

그러던 어느 날 넷째에게 젖병을 물리고 있는데 전화가 왔다.

받을 수 없었다. 그리고 문자가 계속 들어왔지만 볼 수 없었다.

'아~ 젖병 물리는 10여 분이라도 스마트폰을 꺼 놓을 순 없을까?'

그러나 공인이다 보니 그러지 못 했다.

'아~ 혼자서 육아를 하는 엄마들은 참 힘들겠구나' 하는 순간 떠오른 아이디어가 있다.

'이렇게 젖병을 물어만 줄 수 있으면 좋으려만…….'

그때부터 젖병 뚜껑 제작에 들어갔다. 그리고 특허를 출원했고 이 특허 출원 후 실제 등록 통보를 받았다. 그런데 느낀 점이 있다. 그것은 바로 스마트폰에 빠져 있는 애기 엄마들이 문제가 될 소지가 있다는 것이다. 이게 과연 그들에게 도움이 되는 특허일까, 아니면 더 몰입하도록 하는 나쁜 아이템일까?

물론 물수건을 집는다든지 애기 얼굴에 묻은 분유를 닦아 준다든지 할 때 참 유익하다. 혼자 애기를 키우는 애기 엄마는 더욱 그렇다.

애기 엄마들이 자녀에게만 집중하는 엄마들이 되었으면 할 따름이다.

이 특허를 이야기 하는 이유는 스마트폰에 빠져 있는 애기 엄마들에게 하고 싶은 말이 있어서이다. 아주 극소수이겠지만 자신의 아이에게 집중하는 엄마가 되기를 바란다.

가정 내에서의 기본적인 질서 잡기

우리 가정 내에는 갈등을 풀어가는 해법이 있다.

1. 역할 분담하기

아내는 아이들이 게임하는 것을 아주 싫어한다. 비디오 게임 이전에 아이들이 TV를 보는 것도 못마땅해 했다. 그래서 때로는 TV 리모콘을 숨긴다. 나는 아내의 이러한 역할이 아주 좋은 것이라고 생각한다. 한 나라의 정치도 여당과 야당이 서로 견제를 할 때 한 쪽으로 치우치지 않고 조화로운 참정치가 이루어진다. 가정에서는 이 야당의 역할을 아내가 해야 한다고 생각하는 것이 나의 주장이다. 그래서 아내는 게임을 하지 못하도록 막는 역할을 하고 있다.

그런데 부부가 서로 자신의 주장만을 내세우면서 다투게 된다면 그 가정은 제대로 세워질 수가 없다. 자녀들은 불안해 질 수밖에 없다. 아내는 게임을 좋아하는 나랑 살면서 그것을 스스로 터득했을 뿐 아니라 나의 교육법을 인정한다. 나 또한 자녀교육에는 정해진

공식이나 모범답안이 없으며, 내 방식만이 옳은 것은 아니라는 것을 인정하기에 아내의 말도 귀담아 듣고 수용한다.

"오늘 애들이 숙제를 안 했어요."

"애들이 게임을 벌써 1시간이나 했어요."

"오늘 애들이 내 말을 안 들었어요."

아내의 이런 말을 들으면 나는 무조건 아내의 편을 든다.

가정의 질서를 위해 어머니의 권위도 아버지의 권위 못지않게 중요하다고 생각하기 때문이다. 내 아내는 남편이 가정의 머리라는 사실을 기본질서로 두고 있다. 그래서 내 아내는 내가 옳아서가 아니라 내가 가정의 머리인 남편이라는 사실 때문에 늘 순종해 왔다. 이러한 아내의 성품과 노력을 알기에 나 또한 아내를 존중하고 인정하며 행복한 가정을 꾸려나가고자 애쓰고 있다.

내 아내는 착하다. 거기에 더하여 지혜롭기까지 한 것은 이 하나님의 질서를 존중하고 순종하기 때문이다. 행복한 가정을 갖고 싶은가? 그렇다면 하나님의 질서 아래 서로를 아끼고 존중하라.

"아내들아 이와 같이 자기 남편에게 순종하라 이는 혹 말씀을 순종하지 않는 자라도 말로 말미암지 않고 그 아내의 행실로 말미암아 구원을 받게 하려 함이니"(베드로전서 3:1).

2. 자녀들 사이의 질서 잡아주기

또한 형제자매들 간의 질서도 중요하다. 내 자녀들의 순서는 첫째가 딸, 둘째가 아들, 셋째가 딸, 넷째가 아들이다.

나는 이들 중 첫째와 둘째에게 가장 많은 관심을 가진다. 내 교육의 철칙 중 한 가지는 윗사람의 권위를 세워준다는 것이다. 그래서 큰딸과 큰아들에게 그 권위를 부여하고 책임 있는 행동을 하게 끔 하고 있다. 때로는 동생이 말을 안 들으면 매로 다스릴 수 있는 권한까지 준다. 그래서 자녀들 내에서도 일정한 질서를 유지하고 있다. 어쩌다가 첫째와 둘째가 싸우기라도 하면, 일단 둘째를 먼저 나무란다. 그러고 나서 일의 시시비비를 따져 서로가 수긍하는 가운데 잘 마무리하게끔 조정해 준다. 그리고 첫째는 따로 불러 동생 사랑하는 방법을 가르친다. 그리고 잘못을 했을 때는 스스로 동생에게 자신의 잘못을 사과하게 만든다.

그리고 둘째는 첫째 집안의 장손으로서, 맏아들로서의 역할을 인식시킨다.

이러한 과정을 통해 얻는 것은 셋째와 넷째가 자연스럽게 질서를 터득할 뿐 아니라, 이들이 자신의 역할과 책임감을 인지한다는 것이다. 그리고 이러한 질서를 바탕으로 아직 어린 나이임에도 불구하고 형제자매지간에 서로 끌어주고 밀어주는 협력을 해 가며 조화롭게 자라나고 있다. 이러한 질서 속에서 아이들은 하고 싶은 게임이나 놀이를 하고 있다.

3. 부부로서 책임 다하기

나는 내 나름대로 남편으로서의 역할을 다 했다고 자부 했지만, 내가 게임에 빠져 있을 때마다 아내는 스트레스를 받았다.

게임 문제로 싸울 때마다 아내는 나에게, "이제 당신에 대한 내 마음은 포기다!"라고 외쳤지만, 아내는 뒤돌아 앉아 기도하고 있었다. 착한 아내는 내가 준 상처를 기도로 극복하고 있었던 것이다.

한참 신나게 게임을 하고 있을 때 아내는 나를 부른다. 그리고 한

심한 눈으로 보기도 하고 짜증을 내기도 한다.
그리고 아이들이 나를 찾아 우루루 들어온다.
이때 나는 컴퓨터를 꼭! 종료한다.

어느 날 아내가 며칠 동안 아이들을 데리고 외출했다.
너무나 좋았다.
'와!~ 자유다. 해방이다. 오늘은 실컷 게임 해야지~~~'
20대의 방종을 좇아 컴퓨터에 앉았다.
그러나 조용한 집은 시간이 흐를수록 적막강산이 되어갔고, 나는
다시 외톨이가 된 느낌이었다. 외로웠다. 그리고 아내에게 전화를
건다.
아무리 재미있는 세상의 오락거리가 있다 하더라도 그것은 일시
적인 것일 뿐, 결코 내 가정과 바꿀 털끝만큼의 가치도 없는 것이라
는 것을 명심하라. 그리고 그 무엇보다 자신이 가진 소중한 것을 지
키기 위해서는 책임이 따른다는 것도 인식하기 바란다.
"여호와 하나님이 이르시되 사람이 혼자 사는 것이 좋지 아니하니 내가 그
를 위하여 돕는 배필을 지으리라 하시니라"(창세기 2:18).

어느 날 아내가 말했다.
"당신은 남편으로서는 빵점이지만, 아버지와 목사로서는 백점이
야."
'안 돼!'라고만 외치던 아내가 변했다.
이 책을 쓰는 동안 원고를 아내가 읽었던 것 같다.
그리고 나에게 한 날의 에피소드를 들려 줬다.

소아과에서 아이들 진찰 받으려고 기다리는데, 옆에 아이 둘을 데리고 온 아주머니를 보았다는 것이다. 둘째를 진료 받게 하기 위해 대기 중인데, 첫째가 계속 스마트폰 게임을 하고 있으니까 엄마가 계속 "안 돼. 하지 마. 혼날래?"라는 말을 계속해서 반복하더란다.

그런데 옆에 듣고 있는 아내 자신도 그 엄마의 반복적인 말에 짜증이 나더란다. 그러면서 하는 말이 자기도 지금껏 그래 왔다는 것이다. 그리고 그 첫째 아이의 눈빛을 보니 엄청난 스트레스를 받고 있는 것이 보였단다. 병원에 와서 할 것도 없어 우두커니 앉아만 있어야 하는 아이에게 어른과 똑같이 그저 가만히 앉아있으라고만 하는 엄마의 모습을 보면서 답답하더란다. 그러면서 자신의 모습을 돌아볼 수 있었다는 것이다.

"보라 내가 너희를 보냄이 양을 이리 가운데로 보냄과 같도다 그러므로 너희는 뱀 같이 지혜롭고 비둘기 같이 순결하라"(마태복음 10:16).

당부의 말

나는 게임을 마음껏 하라고 말하는 것이 아니다. 또한 게임중독에 대한 문제를 축소시키려는 의도는 더더욱 아니다. 이 책의 논지는 게임이 보편화되어 있는 오늘날 현실에서 어떻게 게임으로 인한 가정의 갈등을 해소할 것인가의 대한 것이다. 그래서 게임에 물든 가정에서의 갈등과 앞으로 야기될 문제점에 대해서 지적하고 서로 도와 문제를 해결하자는 것이다.

그런데 우리가 아무리 애쓰고 수고해도 해결되지 않는 일도 있다.

인간사는 공식과 규칙대로만 되는 것은 아니기 때문이다. 때문에 내가 제시하는 이 방식이 모두에게 적합하다고는 할 수 없다. 단지 하나의 실례를 제시할 뿐이다. 따라서 우리는 우리의 문제를 하나님 앞에 내어놓고 항상 그분과 의견을 나누며 기도해야 한다. 기도로 자란 자녀는 결코 망하는 법이 없다. 내 삶에 성령님이 간섭 하셨던 것처럼 성령 하나님께서 우리들의 삶에 관여하시길 바랄 뿐이다.

조카들에게 게임을 가르치는 나쁜 외삼촌?

지난 이야기를 좀 해야겠다.

내 나이 28살, 2001년, IMF를 극복해 가던 시기이기도 하다.

한 2년째 주야장천 게임에 몰두하던 막바지였을 때부터의 이야기 이다. 학교 성적은 재적 안 당할 정도만 출석과 시험을 치렀다. 제일 쉬운 과목, 제일 자신 있는 과목들과 최소 학점을 신청하는 잔꾀를 부렸다.

그렇게 학교를 다니는 둥 마는 둥, 다른 무엇을 해야 할 지도 여전히 몰랐다. 목표와 꿈이 없었기 때문이다. 아직은 머릿속에 PC방에 대한 맛을 잊지 못했을 때다.

영문과 졸업을 1년 남겨 두고 있던 시점, 그러나 나는 왜 영문과를 다니며, 왜 영문과를 졸업하는지 도무지 그 영문을 몰랐다.

그리고 그 당시는 내가 점점 게임에 회의를 느끼기 시작하고, 게임 그 자체로 스트레스를 받기 시작했던 때이다. 그때 나는 '게임도 일이구나'라는 것을 깨달았다. 이미 너무나 많은 시간을 허비한 후였다.

'차라리 일이나 공부를 이렇게 했더라면 엄청 좋은 결과를 얻었을 텐데……'

허송세월이 너무나 아까웠다.

나에게는 쌍둥이 조카들이 있다. 이복누이의 쌍둥이 조카들이다. 누나와 나는 14살 차이가 나는데 조카들도 나와 14살 차이가 난다.

조카들이 중학생이 되자 방학 때마다 내가 그들에게 과외선생 노릇을 했다. 어릴 때부터 곧잘 놀아주던 외삼촌, 그 외삼촌이 그들을 대상으로 과외교습을 한 것이다.

누나는 미술학원을 운영하는 교사였는데, 방학이면 일손이 부족하여 도와주곤 했다. 학원의 대리운전을 한다든지, 어린이를 집으로 데려다 주곤 하는 알바였다. 그리고 조카들의 과외를 도맡아 가르치는 기간이었다. 특별히 과외 기간이 길 때도 있었는데, 이때는 내가 3차 휴학을 한 상태였다.

내가 몇 년 동안의 과외를 해본 경험으로 조카들의 성적이 오르기 시작했다. 그리고 수업이 끝나면 같이 스타크래프트를 했다. 조카들은 나를 너무 좋아했다. 게임 잘하는 외삼촌이 좋았던 것이다. 그들은 나를 잘 따랐다. 숨겨진 행실은 개판인 외삼촌이지만, 교회 학생들과 조카들에게만큼은 잘 가르치는 선생님, 재미있는 외삼촌으로 각인되었다.

때로는 조카들에게 "하나님을 믿으라"하며 교회 교사처럼 가르치기도 했다. 그리고 공부 열심히 하라며 공부의 중요성을 강조하기도 했다.

나는 숨어서 게임하면서 "게임을 너무 많이 하면 중독되니까 너희들은 시간을 정하고 해"라며 가르쳤다.

조카들이 대학생이 되어 나에게 해 준 잊지 못하는 칭찬이 하나 있다. 자기들이 지금까지 많은 학원과 선생님들을 만났지만, 외삼촌처럼 잘 가르치는 사람은 만나지 못했다는 것이다. 빈말일지라도 난 그 칭찬을 잊을 수 없다.

조카들의 중학교 1학년 성적은 전교생 약 400명 중에 50등에서 100등 사이 정도였던 것 같다. 그런데 그들이 중 3이 되어 전교 1등과 3등을 하는 대박을 터트린 것이다.

내가 늘 과외를 전적으로 도맡아 한 것은 아니다. 내가 해준 것은 방학 때마다 주일학교 교사처럼 성경을 가르치고, 국·영·수 과외 후에 조카들과, 조카들의 친구들과 같이 PC방에 가서 2시간 정도씩 게임을 해준 것이었다. 방학 때는 PC방에서 밤늦게까지 같이 놀기도 했다. 그런데 그들의 성적이 올랐다. 그리고 쌍둥이는 중학교에서 3% 이내에서만 가능하다는 거창고등학교에 합격한다. 즉 내가 가르쳐서가 아니라 이 속에 비밀이 있다. 난 그것을 발견 했다.

왜? 어떻게? 그들이 명문 고등학교를 갈 수 있었을까?

중1 때 게임중독자 외삼촌을 만났음에도 불구하고 어떻게 성적이 떨어지지 않고 올랐을까?

내 나름대로의 교육법 분석

첫째, 사람을 더 좋아하도록 양육했다.

그들은 게임보다 사람을 더 중요시하는 성품들이었다. 쌍둥이로 태어나서인지, 한 녀석이 혼자 게임 하다가도 형제를 먼저 찾았다. 뱃속에서부터 같이 자라서인지 한 녀석이 아파 병원에 입원해 있으면, 한 녀석은 다른 쌍둥이 형제를 찾았다. 그만큼 그들은 함께이길 원했다.

6살 때의 이 쌍둥이들 모습을 잊지 못한다.

훈이가 아파서 병원에 있을 때였다. 아빠는 출근하고 엄마는 아픈 훈이를 데리고 병원에 입원했다. 그리고 나는 집에서 어린이 집을 다녀오는 6살짜리 석이를 돌보았다. 집에 오자마자 형인 석이가 쌍둥이 동생 훈이를 찾는 것이다.

사람이 재산이다.
게임보다 사람을 얻으라!

"쌈쭌, 훈이 어디 있어?"

그들은 커서도 마찬가지였다. 같이 하는 것을 더 좋아했다. 게임하면서도 맨날 싸우고, 공부하다가도 싸우고, 부모님 심부름하다가

도 싸우지만, 그들은 늘 함께 하는 것을 좋아했다. 그러한 성품은 친구 사이에서도 드러났다.

그들은 친구를 좋아했다. PC방에 가면 혼자 가는 것이 아니라 친구들과 함께 놀러 갔고, 게임도 좋아했지만 친구들과 축구, 농구하는 것을 더 좋아했다. 게임을 하다가도 아빠가 부엌에서 요리하거나 설거지를 하면, 제일 먼저 옆에서 도와주는 훈이의 성품은 아빠를 닮아 늘 옆에서 보는 나도 기분이 좋았다.

그러나 나는 그렇지 못했다. 중독의 문제는 바로 가정환경이라는 것을 깨닫는 순간이었다. 그래서 나는 내 아이들의 유아기나 유년기의 인성교육 부분에서 성공했다.

그런데 혼자 크는 아이는 어떨까? 관계형성에 결여가 나타날 가능성이 크다는 것이다. 혼자 교회에 오는 어린이를 보면 느낄 수 있다. 대인관계의 부족함을 드러낸다. 혼자 있는 것이 편한 것이다. 대인관계 속에서 갈등은 일어나기 마련이다. 그리고 그 속에서 그 갈등을 풀어나가는 방법을 배우게 된다. 그러나 혼자 크는 아이는 그런 갈등에 직면했을 때, 그것에 대처할 능력이 부족할 수밖에 없다.

그래서 나는 결혼해서 4명의 자녀를 낳았다.

그리고 그들에게 늘 함께 하도록 가르치고 있다. 싸우고 시끄러울지라도 같이 먹고 같이 자고 같이 게임하고 같이 공부하고 같이 TV 보고 웃으며 함께 한다는 것은 너무나 중요하다.

함께 한다고 할 때는, 선을 행하며 선도하는 자가 꼭 있게 마련이다. 없으면 그 공동체는 썩으며 타락해 갈 것이다. 그러나 공동체는 개체보다 훨씬 건강할 수 있다. 또 함께 하는 공동체나 사회, 가정은 어떤 문제든지 이겨낼 힘이 더 강하다.

"즐거워하는 자들과 함께 즐거워하고 우는 자들과 함께 울라"(로마서 12:15).

내 아이들 중에 둘째 7살짜리도 마찬가지이다. 사람이 없어서 심심하면 게임을 하고 싶어한다. 나는 하라고 허락한다. 그러나 1시간 후면 애가 말한다.

"아빠 그만 할래. 엄마하고 누나 언제와?"

"좀 더 해. 엄마하고 누나 오려면 아직 멀었어."

"재미없어. 아빠 방에서 문제집이나 풀래."

내 아들은 누나와 동생들과 함께 노는 것을 더 즐거워했다.

둘째, 두려워하는 대상이 있어야 한다.

내 조카들이 두려워하는 대상은 아빠다. 가정에는 권위자가 필요하다. 권위자는 곧 조절자다. 권위자에게는 진리의 훈계가 있고, 그 진리에 기초해 지도하는 엄격성을 드러낼 때 교육이 가능하다. 그러나 그렇지 못한 가정이 너무나 많다. 그러나 그것을 너무 늦게 깨달아 고칠 수 없을 만큼 아이의 머리가 자라버리면 힘들다.

이런 권위자 앞에서 아이들은 오히려 게임을 적당히 즐기면서 자랄 수 있다. 더 하고 싶은 욕구는 분명이 있을 것이다. 그 욕구를 누르지 못한다면 방종의 삶을 살게 된다. 그러나 바른 지도자, 특별히 아빠가 그 역할을 감당한다면 올바른 바탕 위에서 자녀는 자라게 된다.

나에게 있어서 두려움의 대상은 하나님이었다.

부모가 없기에 내 마음대로 15년간을 살아왔다. 그래서 터지고 터지고 또 터지면서 밑바닥까지 내려간 것이다. 그 중에서도 게임으로 인해 망가진 해가 최소한 5년 이상은 될 것이다. 결국, 방종한 삶은 나에게 크나큰 상처를 남겼다. 속으로는 십이지장 궤양과 겉으로는 추한 몰골을 남겼다. 그래서 탈모도 있다. 나는 4명의 자녀들에게 아빠보다도 하나님을 더 경외할 것을 늘 가르치고 있다.

하나님을 가장 두려워하는 대상으로 가르쳐라!

셋째, 가정은 따뜻한 울타리가 되어야 한다.

내 조카들이 게임을 할 때, 그 부모들은 무조건 반대 하지만은 않았다. 부모가 생각하기에 지나치다 싶을 정도로 게임을 많이 하더라도, 조카들은 자신들이 해야 할 일을 잊지 않았다.

그 이유가 뭘까? 가정이 따뜻했기 때문이다. 부모는 자녀들을 게임에 대해 이해하고 품어 주었기 때문이다. 아이들을 지켜주는 울타리가 가정이며, 가장 안정된 곳임을 몸으로 알고, 집에서도 게임을 할 수 있다는 그 울타리 속에서 행복을 누렸기 때문이다. 반대로 그 행복한 울타리를 자신의 방종으로 말미암아 무너뜨려서는 안 된다는 인식이 은연중에 배여 있다.

탈선행위를 하는 청소년들은 가정의 문제가 있는 경우가 대부분이라고 한다. 가정에서 부모와 형제의 사랑을 먹고 자란 아이는 그 울타리를 스스로 무너뜨리지 않는다. 그리고 이 울타리를 견고하게 만드는 사람은 부모이다. 부모가 바른 생각을 가지고 가정을 일구어 가고 있다면 자녀는 탈선할 가능성이 아주 낮아진다. 설사 울타리를 벗어나고자 용쓰는 사춘기가 닥칠지라도 그 자녀들은 울타리를 크게 벗어나지 않을 뿐더러, 가족에 대한 믿음이 있기 때문에 오랫동안 방황하지 않고 제자리로 돌아올 수 있는 것이다.

넷째, 좋은 친구가 있어야 한다.

내 조카인 쌍둥이들 주위에 나쁜 친구들은 없어 보였다. 조카들이 중학교 1학년 때 나에게 스타크래프트를 배우고 몇 해가 흘렀다. 그의 친구들과 PC방에서 게임을 하는데, 친구들은 조카의 상대도 되지 않을 정도로 조카들은 게임의 달인이 되어 있었다. 그럼에도 불구하고 그들은 게임에 빠지지 않고 자신들의 일들을 잘 해 나가고 있었다.

이렇게 조카들이 게임이 깊이 빠지지 않았던 이유는 쌍둥이 그 자체가 동료요, 라이벌이요, 친구였기 때문이다.

또 착한 친구를 잘 선별해서 만나는 듯했다. 지금까지 나쁜 친구를 만나 엉뚱한 짓으로 사고를 일으킨 적은 한 번도 없다.

"철이 철을 날카롭게 하는 것같이 사람이 그 친구의 얼굴을 빛나게 하느니라"(잠언 27:17).

쌍둥이들은 서로가 경쟁자이기에 게임하면서도 싸웠다.

둘 다 지는 것을 싫어했다. 공부도 마찬가지였다. 훈이가 수학 점수가 더 잘 나오면, 석이는 다음에 훈이를 앞서려고 악착같이 공부해서 뛰어넘었다. 훈이도 이에 뒤질세라 또 열심히 했다. 이러한 라이벌 의식은 그들을 결국 전교 1등과 3등으로 만들었다. 그리고 거창고등학교에 당당히 입학했다.

그렇다면 쌍둥이들만 그러할까? 분명한 것은 나의 조카들은 쌍둥이라는 좀 특별한 경우다. 그러나 형제들이 많은 가정도 이러한 쌍둥이 조카와 같은 상황을 만들어 줄 수 있다.

우리 집의 둘째아이는 초등학교에 입학하기도 전에 이미 피아노가 체르니 수준이었으며 구구단도 완전히 외웠다. 혼자서 일주일 만에 성경 10구절을 줄줄 외우기도 했다.

부모가 따로 가르친 것이 아니다. 물론 지도는 어느 정도 해 준다. 그러나 첫째 아이에게 쏟았던 교육열에 비해 둘째, 셋째, 넷째에게는 그 절반도 미치지 못했다. 그런데도 불구하고 둘째가 왜 이렇게 잘할까?

곰곰이 생각해 보면 2살 터울의 누나가 있기 때문이었다. 누나가 그의 친구요 경쟁자였다. 둘째아이의 친구이자 라이벌은 누나였던 것이다. 남매지간에 선한 영향력을 끼치고 있는 것이다. 그러니 형제자매는 서로에게 반드시 필요한 존재들이 아닐까?

그렇다면 부모된 우리는 무엇을 해야 하는지 답이 나올 것이다. 부모가 자녀들에게 줄 수 있는 가장 큰 선물은 서로에게 친구요 경쟁자인 형제자매를 만들어주는 것이다. 그럼에도 불구하고 부모는 경제적 여건을 핑계로, 자기 여가와 자기계발을 핑계로 자녀를 외톨이로 만들고 싶은가?

나는 7살 난 아들 수하에게 와우(WOW: World of Warcraft, Role play Game, RPG) 게임을 가르쳤다. 너무나 좋아했다.

나는 남들이 잘 하지 않는 방법으로 자녀교육을 한다.

나의 이러한 자녀교육법에는 이유가 있다.

나는 내가 가르치지 않아도 내 아들은 어디선가 게임을 배워 올 것이라고 생각한다. 물론 나도 부모가 앞장서서 게임을 가르치는 것이 과연 옳은 일일까 염려가 되기도 했다. 그러나 내 나름의 생각이 있었다. 집 밖에서 더 재미난 것을 배우면, 집보다는 친구 집이나 PC방 등을 더 좋아하게 될 것이라는 생각이었다.

나는 게임이 반드시 나쁘다고만은 생각하지 않는다. 오히려 게임을 통해 배우는 것도 많다. 수많은 퀘스트를 통해 글자를 읽고, 지도 보는 법도 배우며, 미션 수행을 통해 정교한 규칙도 찾아낸다.

아빠를 귀찮게 할 정도로 어떻게 해야 하느냐고 묻는다. 묻는다는 것은 그가 배우고 있다는 것을 의미한다. 분명히 무엇을 배우느냐는 중요한 질문이다. 그럼에도 불구하고 초등학교 1학년에게 위와 같은 공부가 나쁘다고 생각하지 않았다. 또한 그가 새로운 세계를 배운다는 확신을 가지고 있다. 단, 중독이 아니라 여가라는 측면에서 말이다.

다섯째, 당근과 채찍을 적절히 사용하라.

내가 강조하고 싶은 바는, 둘째가 아빠를 너무나 좋아하고 따른다는 것이다. 그래서 아빠랑 무엇인가를 함께 하는 것을 좋아한다. 아빠랑 놀면 재미난 것이 너무나 많다는 것을 인지한 것이다. 아들이 나를 좋아하게 만들어 놓고 나는 자녀교육에 들어간다.

내가 쓰는 당근과 채찍의 법칙이 있다.

(1) "애야, 게임하는 만큼 공부와 심부름도 해야 한다."

우리 아들은 게임을 하기 위해 자신이 해야 할 일들을 미루지 않고 미리 한다.

나는 내 아들이 부모나 학교에서 부여받은 일이나 숙제를 제대로 하는지 항상 주시한다. 그리고 잘못된 습관을 잡아 준다. 부모를 속이지 않도록 지도하고 성실성을 가르친다. 그리고 승패가 중요한 것이 아니라 포기하는 자가 지는 것이라고 가르친다.

게임을 할 때도 어렵기 때문에 질문하는 경우가 많지만 스스로 해결하도록 한다. 그것을 통해 자립성을 키우며, 게임도 일이고 공부라는 것을 자연스럽게 가르친다.

내 아이는 "특별한 놀이(게임)는 쉽지 않구나"라는 것을 배웠다. 그리고 포털사이트에서 배우는 게임은 아무리 재미있어도 1시간을 넘기지 않았고 반복적으로 게임을 하지 않았다. 그 이유는 와우(WOW)와 자연스레 비교되어 시시하기 때문이다.

여기서 중요한 것은 어른의 지도가 필요하다는 단서가 꼭 붙는다.

나는 항상 숙제와 심부름을 할 경우에 게임을 허락하도록 어릴 때부터 지도하고 있다.

우리 아들은 심부름도 잘한다. TV를 보거나 게임을 하는 도중에 심부름을 시켜도 짜증을 부리지 않는다. 스마트폰으로 게임을 하다가도 밥 먹자고 부르면 바로 끄고 온다.

반복 또 반복!

이러한 아들의 행동은 반복학습을 통해 몸에 익힌 것이다.

우리 아들은 해야 할 때와 하지 말아야 할 때를 알고 있으며, 하

지 말아야 할 때 하지 않을 수 있는 인내를 배웠다. 즉 밥을 먹고 나면 또 할 수 있다는 믿음 때문에 잠시 멈추는 것에 대해 거부하지 않는 것이다. 할 것은 하고 놀아야 한다는 것, 또 놀다가도 사람이 먼저라는 것을 어릴 때부터 놀이와 예배를 통해 배우고 습득하게 했다. 이 부분만큼은 엄하게 가르치는 아비였다.

(2) "애야, 게임보다 더 재밌는 것이 세상에는 많단다."

어느 날 게임에 푹 빠져있는 아들을 보았다. 1시간 반째 와우게임을 하던 날이다. 아무 말도 하지 않았다. 그런데 눈치를 챈 것일까?

"아빠 그만 할래."

그리고 아빠 품에 안겼다.

그때 내가 아들에게 말했다.

"아들아, 세상에는 게임보다 더 재미난 것이 많단다."

우리 아들은 그게 무슨 의미인지도 모르지만, 기회 있을 때마다 반복해서 말해 주었다. 그리고 함께 배드민턴을 치러 나갔다.

가정마다 환경은 다르다. 그러나 스마트게임부터 카드게임까지 우리 자녀들은 이미 게임이라는 유희적 환경에 노출 되어있다.

학교에서도 놀이를 가르친다. 이때에 두뇌 바로 앞쪽 부위의 신경 세포에서 분비되는 신경 전달 물질의 하나로 호르몬인 '도파민'이 나온다. 문제는 게임을 장시간 하게 되면 많은 양의 호르몬 분비로 인해 발생하는 문제가 있다는 것이다. 과다한 도파민의 분비는 그 양에 적응되어 우리 몸을 과다한 도파민에 의한 환각 증상을 정상으로 인식하게 된다. 그 결과 중독 약물의 공급이 중단되어 도파민이 줄어들면 인체는 견디지 못하고 이 약물을 갈망하게 된다. 이러한 현상을 중독이라고 한다. 우리 아이가 무엇에 도파민 분비를 체험하느냐는 너무나 중요하다. 이러한 도파민에 자주 노출 되면 분노 조절 장애 현상이 올 수도 있다. 자녀가 쉽게 짜증낸다면 이를 의심해 보아야 한다. 이것을 고치는 방법은 사람과 사람이 함께 어울려 일하고 놀 수 있는 환경을 마련해 주어야 한다.

오늘날 많은 자녀들은 그것에 대해 알지 못할 뿐 아니라 관심조차 없다. 그렇기 때문에 어려서부터 스마트폰을 주는 것은 위험하다. 부모는 자녀가 어릴수록 게임이나 스마트폰 등을 통해 과다한 도파민 분비가 일어나지 않도록 해 주어야 한다. 어린 아이들은 부모와 노는 것을 더 행복해하고 형제와 친구와 함께 있는 것을 즐기도록 환경을 만들어 주는 것이 좋다. 이 때 사람들과의 유대 관계를 통해 게임보다 더 재미난 것이 있다는 것을 느끼게 해 주는 것이다. 그래서 우리 아이는 아빠와 배드민턴을 치는 것을 무척 좋아 하게 되었다. 요즘 둘째 아들은 장기와 버그 박스 프로그램에 푹 빠져있다.

아직은 내 자녀교육에 대해 확신할 수 없다. 다만 희망하는 것은 내 자녀들이 자신의 부족함을 알고, 세상을 알고, 당면한 문제를 파악하여 대처하는 능력이 생기기를 바랄 뿐이다. 언제나 품안에 자식일 수는 없다. 그래서 나는 내 자녀들이 스스로 문제와 부딪혀 그것을 인식하고 해결해 나갈 수 있도록 가르치고자 한다. 그것이 내 교육철학이다.

(3) "얘야, 무의미한 게임은 하지 마라."

내 아들의 또래 친구들이 스마트폰 게임을 하고 있으면 아들은 옆에서 구경하기도 하고 배우기도 했다. 그러나 그 게임을 자기도 다운받아 달라고 말한 적은 한 번도 없다. 왜냐하면 더 재미난 것을 해 보았기 때문이라고 생각한다.

어느 날 아들은 친구들 사이에서 배운 네이버의 주니어게임을 하고 있었다. 그런데 그 게임은 싸움하는 게임이었다. 손동작을 민첩하게 하는 것도 아니었고 생각하며 풀어가는 것도 아니었다. 그냥 되는 대로 마구 눌러대고 있었다. 그래서 내가 한마디 했다.

"재밌냐?"

"응, 아빠."

"내 눈에는 하나도 재미없어 보이는데."

옆에서 구경을 하면서 내가 초를 쳤다.

그런데 몇 분 후 아들이 컴퓨터를 껐다.

"왜 끄니?"

"재미없어."

"아들아, 무의미한 게임은 하지 마라. 시간만 잡아먹는 게임은 미련한 짓이란다. 차라리 와우(WOW)하지. 오늘 영어 타자는 쳤지?"

"지금 할게."

"타자 연습 4단계만 클리어하고 와우 게임 해라!"

이런 식으로 나는 반복하여 자기가 해야 할 것을 인지시키면서, 아이에게 좋아하는 게임을 하더라도 소득이 있는 것을 하라고 권했다. 이것이 나의 교육법이다.

(4) "애야, 컴퓨터에는 더 재미난 세계가 있단다."

우리 가정의 홈페이지를 내 아들은 어릴 때부터 좋아했다. 자기들 사진도 보고, 엄마 아빠의 결혼 전 사진도 보면서 우리 애들은 탄성을 지른다.

프로그램, 포토샵, 홈페이지 제작, 동영상 편집, 플래쉬 등이 컴퓨터로 만들어지는 과정을 보여 주기도 한다. 그리고 포토샵을 해보고 싶다고 하는 아이들에게 타이핑이 기본이라는 것을 가르쳤기에, 첫째아이와 둘째아이는 이미 영타까지 습득했다. 그것도 둘이서 경쟁하다 보니 재미있어서 자연스레 터득되었다.

초등학교 3학년인 첫째 딸아이는 혼자서 검색도 잘하고, 컴퓨터를 효과적으로 활용하여 학교 숙제도 혼자서 처리하는 수준이다. 또한 교회 예배 시간에 PPT를 훈련시키지도 않았는데 그 일을 책임져 주고 있다. 너무나 재미있어 한다. 그렇게 그들은 컴퓨터를 가지고 논다.

컴퓨터가 게임기인줄 알았던 그들이 컴퓨터로 놀기 위해서 타이핑 10분을 치라고 시켰는데 이런 결과가 나온 것이다. 그러다보니 컴퓨터도 공부라는 자연스런 인식이 뇌리에 박혔다. 그때 우리 아이에게는 아빠의 뒷모습에서 컴퓨터로 논다고 생각하던 것이 일이라는 개념으로 자리 잡았다.

요즘은 "일도 놀이처럼 즐기며 하라"는 세상이다. 하지만 나는 거꾸로 역이용 하고 있다. 그래서 요즘은 컴퓨터를 잘 안 켠다. 컴퓨터도 일이다.

물론, 반대로 공부를 즐기라고 가르치는 아비요 목사이다.

초등학교 3학년인 우리 첫째 딸아이는 이번 기말 고사 때 국ㆍ영ㆍ수를 올백 맞아왔다. 이 딸아이가 하는 말이 참 신기하다.

"아빠, 시험 끝나고 나니까 심심하다."

"아빠 방에서 공부할 때가 더 재미있었어."

우리 딸이 공부를 즐기는 경험을 한 것이다.

'게임도 힘들다' 는 것을 인식시키는 타이밍

와우(WOW, WORLD OF WARCRAFT)라는 롤플레잉(RPG) 게임은 아주 위험한 게임이다. 아바타를 만들어 역할을 수행하는 게임이다. 레벨 업을 위해 끊임없이 반복되어 일명 노가다 게임이라고 하기도 한다.

이 게임을 즐긴 후 한 달이 지났다. 문제점도 늘어나는 듯 했다. 아빠에게는 순한 양이지만 엄마에겐 때론 성질부리는 모습이 나타나기도 했다. 그렇다고 큰 문제가 있는 것은 아니다. 보통 남자 아이들의 모습이었다. 학교에서 학생 인성 검사를 했는데 모두 정상이다. 그러나 엄마가 보기에는 게임이 문제로 보였다.

어느 날 아들이 이 게임을 1시간 반 가량 한 후, 마트에 장을 보러 가기 위해 온가족이 차를 탔다. 그런데 이 녀석이 심하게 멀미하는 현상이 발생했다. 결국 차 안에서 토하기까지 했다. 너무 게임에 몰입한 후였던 것이다.

아내는 무척 화를 내면서 아들을 나무랐다.

"게임을 너무 오래해서 그렇잖아."

나는 아무 말도 하지 않고 침묵을 지켰다. 아내가 게임으로 인해 발생하는 문제점을 인식시켜야 한다고 생각했기 때문이다.

"엄마~, 게임 그만할게. 1년에 한 번만 할게."

아들이 울면서 한 말이다.

그 뒤로 우리 아들은 그 게임을 잘 하지 않았다. 스스로 좋지 않은 게임에 대한 역효과를 터득한 것이다.

지금까지의 내 아들과 딸의 모습을 볼 때 내 교육방식에 아직 별 문제가 없어 보인다. 그러나 우리 가정교육의 예가 모든 가정에 통하지는 않을 것이다. 환경이 다르고 성품과 교육법이 다르기 때문이다. 그러나 우리는 교육의 중요한 법칙을 하나 깨달을 수 있다.

그 날 저녁 아들에게 말했다.

"아들아, 게임도 힘든 일이란다."

부모 역할의 중요성, 게임이 재미있는 놀이만은 아니라는 것을 가르치는 것, 그리고 할 일을 다 한 후에 노는 책임감을 가르치는 것, 게임도 힘들다는 것 등이 그것이다.

6살 이전의 아이들은 TV와 스마트폰을 엄격히 규제해야 한다

6살 이전에 게임에 빠지면 통제가 되지 않는 경우가 많다.

요즘 보통 육아를 하는 부모들을 보면 아이가 울면서 보채니까, 힘들어서 스마트폰을 아이의 손에 쥐어준다. 그러면 엄마들의 육아가 수월해진다. 그러나 엄마들은 이 시기가 가장 중요한 시기라는 것을 알아야 한다.

어린 6세 이전의 아이들에게 미치는 스마트폰의 폐해가 얼마나 큰지를 알리고 싶다. 왜냐하면 이들은 이성이 발달하지 않았고 대화가 되지 않는다. 어린아이들에게 미치는 스마트폰의 폐해는 널리 알려져 있다.

많은 연구 결과들이 나와 있는데 비디오 게임이나 스마트폰 앱과 같은 프로그램에 어른이 중독될 수 있을 뿐 아니라 아이의 경우도 마찬가지라는 사실이다. 스마트폰을 잠시만 사용한다면 효과적인 교육이 될 수 있지만 계속해서 스마트폰을 사용한다면 좋지 않은 습관을 아이에게 줄 수 있다.

어린 아이들이 TV와 온라인 게임과 수많은 프로그램에 장시간을 보낼 경우엔 비만이 되기 쉽고 공격적으로 변할 수 있다고 했다.

미국소아과학회는 2살이 되지 않은 아이들은 아직 TV, 비디오 게임이나 화면에 비춰지는 것들을 받아들일 인지적 지능이 준비돼 있지 않기 때문에 보여주지 않는 것이 좋다고 한다. 그 연령 때의 인지적 사고 성장을 방해할 수도 있다는 것이다. 또한 머리를 쓸 필요가 없는 스마트폰의 앱들은 나이에 맞는 교육적인 앱이 필요하다는 사실을 알아야 한다. 그러나 적절한 앱은 2%에 불과하다는 학회의 발표가 있었다.

내 아내는 4명의 아이를 키우면서도 아직 스마트폰으로 육아를 한 적이 없다. 아내는 오로지 책과 자신의 품으로 자녀들을 키우고 있다. 이 점이 아이들의 아버지로서는 얼마나 고마운지 모른다.

내 아내의 육아방식을 자랑해 보자면, 어린이집 원장을 하면 성공을 자신할 정도이다. 내 처제도 아내의 도움을 엄청 많이 받는다. 처제도 벌써 딸 둘을 낳았다. 그 처제는 언니처럼 일찍 시집을 가서 아이를 낳은 것을 지금 자랑스러워하고 있다.

우리 집에 이 애들까지 오면 우리 집은 어린이집이 된다. 처제가 아이들을 데리고 3박 4일 정도를 우리 집에서 지내게 될 때면, 교회학교의 여름성경학교에 온 기분이 든다. 그럼에도 불구하고 엄마들은 아이들을 TV와 게임에 방치되도록 하지 않는다. 그들은 이 속에서 사회성을 배워간다.

형제들 속에서 사회성 배우기

형제자매가 많으면 아이들의 사회성이 발달한다. 우리 집에는 딸, 아들, 딸, 아들 해서 4명의 자녀가 있다. 이 아이들은 자기들끼리 놀면서 배운다. 그래서인지 또래 아이들 중에서도 사회성이나 협응력이 모두 뛰어나다. 모두 2살씩 터울이 있다 보니 나름대로 그 안에서 경쟁과 협력을 이루어가는 것 같다.

무엇보다 스마트폰, 게임기, 컴퓨터가 없어도 이들은 심심해하지 않는다. 나는 이것이 무엇보다 가장 좋은 교육환경이라고 생각한다.

오늘날은 어린아이들의 수가 줄어듦으로 인해 교회 주일학교 아이들의 수도 날로 감소하고 있다. 그런데 이에 반해 우리 교회는 오히려 주일학교 아이들의 수가 늘어나고 있다. 그 이유 중에 하나가 바로 우리 집의 많은 아이들 덕분이다.

우리 집에 놀러오는 첫째 나인이의 친구들이 우리 집을 너무나 재미있어 한다. 우리 집에 자녀들이 많기 때문이다. 그들이 함께 노는 것을 즐거워하기에 자주 놀러오는 초등학교 3학년이 5명이나 된다.

첫째인 딸 친구 3명과 둘째인 아들 친구 2명이 그들이다. 우리 아들은 형들과 어울려 놀다보니 자기보다 나이가 2살 많은 형들이 교회에 오고 있다. 그리고 그들과 카드놀이를 하는데 수백 장씩 가지고 있다. 자기 보물이다. 그런데 나는 한 번도 카드를 사준 적이 없다. 사회성이 발달하다 보니 그 속에서 얻거나 경쟁해서 획득한 것이었다.

우리 집 막둥이가 18개월 되었을 때 어린이집을 보내기 시작했다. 교회를 위해 사모로서 아내의 역할이 절실히 필요했기 때문이다. 아내도 이제는 기도와 봉사의 자리로 나와서 영적 동반자가 되어 함께 개척교회를 세워가야 할 시기가 되었다고 생각했다. 그로 인한 경제적 손실도 생겼다.

육아비로 매월 25만 원가량이 시와 구청을 통해서 들어왔는데, 이

육아비가 어린이집으로 돌아간 것이다. 그럼에도 불구하고 아내도 이제는 교회 일에 전념하고 기도해야 하는 사모이기에 어려운 결정을 내렸다.

그러다 보니 우리 막둥이는 우리 집 아이 중 가장 빠른 시기에 어린이집을 갔다. 가장 걱정이 되는 것은 잘 적응할까 하는 문제였다. 아직 '엄마'라는 말도 잘 못하는 시기에 어린이집을 보낸 것이다. 말은 조금 느리다.

'아침마다 안 떨어지겠다고 울면 어쩌지?'

'부적응으로 인해 정서적으로 문제가 생기면 어쩌나?'

'한 달도 못 다니고 돌아오는 것은 아닐까?'

이러한 우리 부부의 모든 걱정은 한 마디로 기우에 불과했다.

막둥이는 처음 차를 탈 때 사흘 정도만 울었다. 또한 그 사흘도 엄마와 헤어질 때만 잠시 울고 그쳤다. 그리고 이틀 정도만 어린이집에서 낮에 잠투정으로 한 번씩 울었는데, 그 이유는 낮잠 자는 타이밍이 달라서였다.

또 한 가지는 안전벨트 매는 것을 아주 싫어했다. 그러나 이러한 것들은 일주일 만에 다 극복했다. 여태껏 넷째를 혼자 앉혀 본적이 없다. 늘 엄마의 품에 안기거나 업혀서 차를 탔다. 그러나 어린이집 적응이 너무나 빨랐다. 뿐만 아니라 어린이집에서 카톡이 왔는데 첫 날부터 잘하는 것들이 꽤 많다는 것이다.

첫째는 말귀를 다 알아 듣는다는 것이었다.

보육교사로부터 문자가 온 것이다. 제일 어리지만 자기 먹은 밥그

룻과 숟가락을 챙기고 갔다 놓아야 할 곳을 알더라는 것이다.

둘째는 집에 갈 시간이 되었다고 말하면 혼자 나가서 신발을 찾아 신는다는 것이다.

셋째는 전혀 울지 않는다는 것이다. 겨우 18개월 짜리가 말이다.

막둥이는 아침에 어린이집에 갈 마음의 준비를 한다.

"차 온다. 나가자"하면 스스로 신발을 찾아 자기 발 앞에 놓는 아이다. 그리고, 18개월 짜리가 어린이집에 가서 기도를 배우고 있다.

우리 집 자녀들에게는 별명이 있다.

첫째인 딸은 여자 문해룡이다. 나랑 모양, 기질, 성품이 다 닮았다.

둘째인 아들은 왕자님, 무엇이든지 누나보다 잘해서이다.

셋째인 딸은 무서운 공주님, 언니 오빠 모두를 이기는 능력자다. 무서운 공주님은 심부름을 아주 잘한다.

넷째인 아들은 일진, 아저씨 등의 별명이 있다. 마늘장아찌도 잘 먹고, 매운 고추를 먹고도 두 손으로 머리를 퉁퉁 칠뿐 울지 않는다. 아주 능글맞은 아저씨 같다. 그만큼 강력한 녀석이 태어난 것이다.

나는 위로 세 명의 아이들도 엄청 기대가 되지만 이 넷째는 그 이상이다. 나는 이래저래 팔불출이다.

이 가정이 내가 얼마나 소망을 해서 이루어진 가정인가?

그리고 하나님으로부터 받은 이 아름답고 행복한 가정을 어찌 사랑하지 않을 수 있겠는가?

나의 가정이 바로 내가 믿는 하나님이 내게 주신 큰 복인 것이다. 나는 그저 소박한 꿈을 꾸고 살기로 기도했을 뿐인데 말이다.

그런 나는 곧 다섯째를 출산한다.

자녀를 위해 내가 꼭 마음먹고 하는 것

내가 나의 자녀들을 위해 빠트리지 않고 하는 가장 중요한 것들이 있다.

첫째는, 가정 예배다.

우리 아이들은 수요일에 예배드리는 것이 몸에 배여 있다. 개척교회라 수요일 저녁 예배를 드릴 때면 우리 집 가정예배가 된다. 설교의 초점도 어린이들에게 맞춰져 있다. 주일날은 어린이예배에 참석하고, 11시에 있는 어른예배에도 참석하여 찬송하고 성경 읽고 안수기도 받고 퇴실한다. 그 후 성도들에게 설교한다. 때로는 오후 어른 예배 참여를 독려해서 훈련시키기도 한다.

이 시간은 아이들에게 아주 중요한 시간이다. 이 시간에 잘못된 행실과 마음가짐을 지적하기도 하고, 바른 것을 가르치기도 한다. 그리고 아빠보다 하나님을 더 경외하도록 가르친다.

둘째는, 안수기도다.

학교와 어린이집에 가는 아침에는 꼭 머리에 손을 얹고 기도해 준다. 안수기도는 목사에게만 주어진 것이 아니다. 모든 아버지들은 아내와 자녀들에게 안수기도하며 축복할 권리를 하나님이 주셨기 때문이다. 넷째는 안수기도를 벌써 아는 듯 하다. 기도손도 잘하고 안수할 때는 혼자서 뛰어 나온다.

"아론과 그의 아들들에게 말하여 이르기를 너희는 이스라엘 자손을 위하여 이렇게 축복하여 이르되, 여호와는 네게 복을 주시고 너를 지키시기를 원하며, 여호와는 그의 얼굴을 네게 비추사 은혜 베푸시기를 원하며, 여호와는 그 얼굴을 네게로 향하여 드사 평강 주시기를 원하노라"(민수기 6:23~26).

나는 자녀가 네 명이라 두 명씩 기도 해주는데, 2번째 기도를 할 때는 영어로 해주기도 한다.

셋째는, 하나님만을 의지하게 한다.

나는 아이들에게 매일 이렇게 당부한다.

"아빠는 사람을 신뢰하지 않고 오직 하나님만 신뢰한단다. 아들아, 딸아, 아빠와 엄마를 의지하지 말고, 보이지 않는 하나님이 계심을 명심해라. 하나님이 네 아버지란다."

넷째는, 아빠의 연약함을 숨기지 않는다.

게임하는 모습, 게으른 모습, 남편으로서의 부족한 모습까지도 애써 숨기려하지 않는다. 이 말은 막돼먹은 행동을 한다는 의미가 아니라, 내가 실수 했을 때 자녀들 앞에서 그것을 인정한다는 것이다.

하나님 앞에 용서를 구함과 동시에 아이들 앞에서도 잘못을 인정하는, 가식을 벗어던진 진실한 아빠의 모습을 보여주고 싶은 것이다.

다섯째는, 특별히 금지해야 할 게임이 있다.

자녀들에게 특별히 금지해야 할 게임이 있다. 그것은 끝이 없는 게임류이다. 예를 들면 리지니, 와우와 같은 아바타 게임이라고 할 수 있다. 아바타를 키우는 게임류는 정말 조심해야 한다. 왜냐하면 시간이 그 캐릭터의 능력치를 올리는데 기여하기 때문이다. 많은 시간을 들인 만큼 그 아바타의 능력치는 최고가 된다고 봐도 무방하다. 그렇기 때문에 출근도 등교도 미루고 게임을 하게 되는 것이다. 그래서 아이들은 시도 때도 없이 스마트폰 RPG 게임만 쳐다보게 된다.

두 번째는 게임 머니가 들어가는 게임이다. 문제는 요즘 거의 대부분 스마트 폰 게임이 '돈질'로 케릭터를 키우는 실정이다.

스타크래프트는 게임 산업의 선구자이다. 그런데 이 게임도 사양길로 접어들었다. 지금은 롤이라는 게임이 대세다. 이 게임이 그나마 다행인 것은 장기나 바둑처럼 경기가 끝나기 때문이다. 그러나 결국 자신의 실력을 끌어올리기 위해 많은 시간을 들임으로 말미암아 큰 문제를 야기시킬 수밖에 없다.

앞으로 시대의 흐름과 유행에 따라 어떤 게임이 나올지 모른다. 이제는 부모도 게임을 알아야 한다. 부모가 미리 게임의 성격을 인지하고 바르게 유도한다면 자녀들도 충분이 교육할 수 있다는 것이

나의 주장이다. 왜냐하면 무조건 못하게 막는다고만 해서 막아지는 것이 아니기 때문이다.

게임도 즐기고, 공부도 잘 하고. 이게 가능할까? 얼핏 불가능해 보이지만, 저자는 생생한 체험을 이야기하고 있다. 자녀들과 조카들을 가르친 경험을 통해 게임을 즐기면서도 공부를 잘 할 수 있다는 것을 보여주고 있다. 또한 저자는 세상에는 게임보다 재미있는 것이 더 많다는 것을 역설한다. 그리고 게임이 물 마시기 마냥 쉬운 것이 아니라고 깨달음을 주고 있다. 미치도록 게임이 좋은가? 그렇거나 게임을 원하면 책임감 있는 삶을 살아라고 말한다.

자연과 친하게 하라!

"자연 속에서 하나님을 만나고 꿈을 키운다."

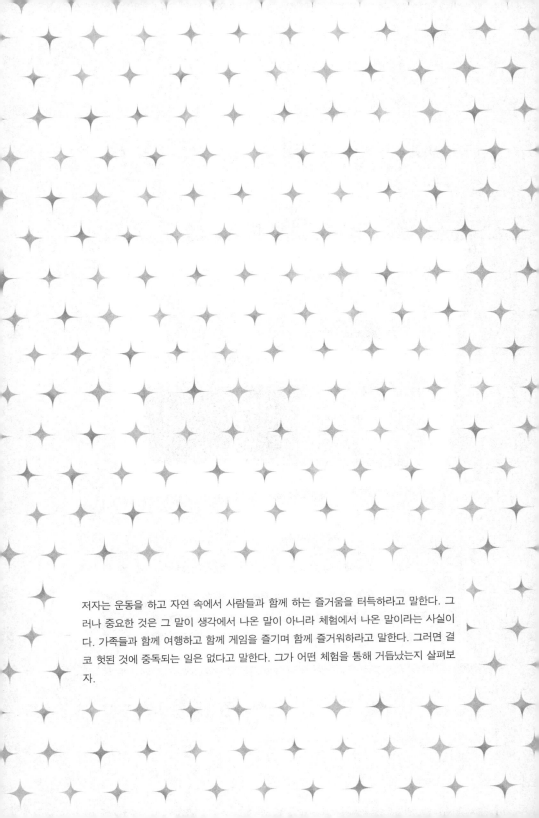

저자는 운동을 하고 자연 속에서 사람들과 함께 하는 즐거움을 터득하라고 말한다. 그러나 중요한 것은 그 말이 생각에서 나온 말이 아니라 체험에서 나온 말이라는 사실이다. 가족들과 함께 여행하고 함께 게임을 즐기며 함께 즐거워하라고 말한다. 그러면 결코 헛된 것에 중독되는 일은 없다고 말한다. 그가 어떤 체험을 통해 거듭났는지 살펴보자.

진짜 변화와 거듭남의 비밀

나는 어느 날인가부터 영적으로 육적으로 변화하기 시작했다. 별로 내세울 것 없고, 가진 것도 없다. 건강한 육체도, 정신도 소유하지 못했다. 그래서 누구 하나 나를 향한 부러움은 손톱에 때만큼도 없었다.

그러나 성령 하나님이 간섭한 뒤로 나는 완전히 바뀌어져 있다.

첫째는 가치관이 바뀌었고,

둘째는 습관이 바뀌었고,

셋째는 가정환경이 바뀌었고,

넷째는 안정된 미래에 대한 희망으로 말미암아 긍정적인 사고를 가지게 되었다.

고등학교 시절 아무 생각 없이 친구를 따라 처음으로 교회에 갔고, 엄청난 고난 속에 처음 드린 기도는 나를 신앙의 길로 들어서게 했다. 주일학교 교사가 무엇인지도 모르면서 무작정 봉사했다. 그리고 교사수련회와 SFC수련회, 청년수련회, 찬양집회를 다니며 그럴 때마다 무엇인지 모를 뜨거움을 느꼈다. 그리고 평안이 넘쳤다. 그때부터 나는 무엇인가에 사로잡히기 시작했던 것 같다. 그것은 바로 성령님에 의한 사로잡힘이었다. 그때마다 나는 눈물로 기도했다. 그 기도는 나도 모르는 사이에 하나둘씩 이루어져 갔다.

청년시절 외로움에 몸부림칠 때마다 불렀던 복음송이 있다.

날 구원하신 주 감사, 모든 것 주심 감사
지난 추억 인해 감사, 주 내 곁에 계시네
향기로운 봄철에 감사, 외로운 가을날 감사
사라진 눈물도 감사, 나의 영혼 평안해

응답하신 기도 감사, 거절하신 것 감사
헤쳐나온 풍랑 감사, 모든 것 채우시네
아픔과 기쁨도 감사, 절망 중 위로 감사
측량 못할 은혜 감사, 크신 사랑 감사해

길가에 장미꽃 감사, 장미꽃 가시 감사
따스한 따스한 가정, 희망 주신 것 감사
기쁨과 슬픔도 감사, 하늘 평안을 감사
내일의 희망을 감사, 영원토록 감사해

내가 이 찬양 가운데 제일 좋아하는 구절은 3절에 등장하는 '따스한 따스한 가정, 희망 주신 것 감사'이다. 즉 가정과 희망을 주신 것에 감사한다는 것이다. 이 찬양은 나의 기도가 되었다.

무언가에 끌리듯 말씀과 기도의 자리로

신앙생활을 하는 동안 어떨 때는 회의감도 들었지만, 무언가에 끌리듯 말씀과 기도의 자리로 나아갔다. 성도의 견인이었다. 하나님이 나를 견인하셨던 것이다. 그럴 때마다 하나님은 말씀으로 내게 힘을 주시고 나를 회개케 하시며, 십자가 고난의 길로 동참토록 인도하셨다.

그런 순간마다 나는 지체 없이 '아멘'으로 고백했다. 비록 내 행실에 큰 변화는 일어나지 않았지만, 어느 순간부턴가 가랑비에 옷 젖듯이 성령의 비로 촉촉이 젖어 가고 있었다.

그리고 필요할 때마다 나는 기도로 하나님께 매달렸다. 입시원서를 넣을 때, 아프리카 선교를 갈 때, 골룸으로부터 해방되고자 할 때도 나는 하나님을 찾았다. 그리고 아버지가 원하셨던 돈 버는 길을 버리고 비록 가난할지라도 가정을 지키는 아버지가 되겠노라 결심하며 목회자의 길을 가기로 결정했다. 그래서 오늘의 내가 있게 된 것이다.

자제력을 갖기 위하여

게임에 빠져 있던 나는 항상 자제력을 갈구했다. 나 자신을 죄악 가운데 버려둠으로써 내 죄악이 쌓여가고 있었다. 그리고 나 자신과 싸워 이겨야 내게 미래가 있다는 것을 알고 있었다. 그래서 늘 패배를 맛보면서도 끊임없이 나 자신과 싸워왔다.

거듭남의 비밀은 죄에 대한 경각심을 회복할 때 가능하다. 상황으로 인한 고통으로부터의 몸부림이 아니라, 자신을 사로잡고 있는 죄와의 치열한 싸움이 필요하다. 많은 사람들은 상황과 싸운다. 그러나 그리스도인은 죄와 싸워야 한다.

"그러므로 믿음은 들음에서 나며 들음은 그리스도의 말씀으로 말미암았느니라"(로마서 10:17).

성령의 체험은 믿음으로부터 말미암는다. 그리고 믿음은 하나님의 말씀을 들을 때에 생겨난다. 나는 말씀을 듣고 그 말씀에 반응할 때 성령을 체험하게 되었다. 그리고 내 환경이 힘들었던 만큼 하나님 앞에 무작정 무릎을 꿇을 때가 많았다. 그렇게 수없이 거듭되는 하나님과의 만남을 통해 오늘의 나와 내 가정이 있게 된 것이다.

따라서 무슨 문제든지 문제를 안고 있는 자녀들을 하나님 앞으로 나아오게 해야 한다. 모든 중독도 마찬가지다. 지금 내가 아버지로서 훌륭하고 모범적이라고는 할 수 없다. 그럼에도 불구하고 내 가정이 바로 설 수 있는 것은, 내가 말씀으로 자녀를 양육하고 있기 때문이라고 단언할 수 있다. 아버지와 어머니가 먼저 말씀으로 성령을 체험하고 자녀를 양육할 때에 성령의 사역을 체험할 수 있다. 이것은 하나님의 공식이다.

자식은 부모의 뒷모습을 보고 자란다. 부모가 바뀌지 않으면 바뀌는 것은 아무것도 없다. 부모의 권위에 의지해 자녀를 양육하던 시대는 지나갔다. 이제는 부모 스스로 올바른 자녀 양육을 위해 자신들부터 돌아보아야 한다.

미래의 게임 산업

스마트폰을 보고 있으면 새로운 게임들이 날마다 생겨나는 것을 볼 수 있다. 앞으로 게임은 걸어 다니면서도, 일하면서 하게 될 것이다. 예를 들면 구글 안경과 스마트 시계, 컴퓨터로 된 옷과 손가락 사이에 마우스, 신발이 스마트화 되어 이러한 수많은 센서 장치들을 입고 생활하는 가운데 게임하는 시대가 오고 있다.

일본 만화 드래곤 볼을 상상해보라.

예를 들면 이러한 장비를 입고 일이나 학업을 하면서도 게임이 가능하다. 공부를 하면서도 또는 생활 속에서도 모든 것이 게임의 연장선상이 된다면 어떻게 될까?

위와 같이 시대로 변해 가는데, 이런 게임을 직장에서 금지할 수 있을까?

부모나 사회가 막을 수 있을까?

결국 실제적인 삶을 풍요롭게 해주는 게임이 될 수 있을까?!

청소년 문제이기 때문에 법안을 만들어야 한다고 주장하기도 한다. 그렇다면 다 큰 성인, 예컨대 20대 이상의 젊은이들을 부모나 교사들, 제도가 막을 수 있을까?

요즘은 청소년이 문제가 아니라 결혼을 한 30대나 40대가 더 문제이며 시간이 흐를수록 그 연령은 더 높아져 가고 있다고 생각한다.

3포세대, 4포세대, 5포세대를 기억하라.

단지 성인이기에 가시적으로 나타나지 않을 뿐이다.

게이머 힐링센터

나에게 꿈이 하나 있다. 그것은 비영리 사단 법인을 설립하고 게이머 힐링센터를 운영하는 것이다. 이 센터는 자녀들을 수많은 게임으로부터 보호하고 성령의 능력을 체험하게 하는 기관이다.

그 중에서 게이머 힐링센터를 통해 하고 싶은 독특한 프로그램이 있다. 정말 프로가 되고 싶은 사람들은 테스트를 통해서 기회를 주는 것이다. 그가 임요환 선수와 같은 프로게이머가 될 수 있다면 얼마나 좋은가? 혼자서 프로게이머의 꿈을 이루어가기에는 개인이 처한 환경이 그것을 뒷받침해 주지 못한다. 그렇다고 고등학교에 정규과정을 설립하기에는 사회적으로 인식이 부족해 무리가 따른다.

그러나 힐링센터라면 가능하다. 그래서 인성 테스트, 정신건강 테스트, 운동, 천렵, 노동을 통해 부족한 부분을 고치면서 기회를 제공하는 센터를 만들고 싶다.

만약 준비 과정 중에 게이머로서의 실력이 부족하다고 느껴진다면 다른 자격증을 취득해 다른 일을 할 수 있는 기회를 제공해야 한다.

컴퓨터, 스마트폰으로 배울 수 있는 기술은 무궁무진하다. 꼭 힐링센터가 아니라도 배울 수 있는 곳은 많지만, 말씀과 기도의 훈련을 통해 바른 인성을 가지고 정도를 벗어나지 않게 하는 길은 여기밖에 없기 때문이다.

그리고 어떤 사람을 평범하게 살면서 게임 하게 한다던지, 가정을 세우고 자녀를 낳고 건강한 삶을 살도록 인도하는 것도 힐링센터가 해야 할 가장 중요한 일이다. 이 일을 위해 준비된 것은 나의 계획 외에는 아무것도 없다. 그래서 함께 동참하고 기도해줄 동역자들이 생기기를 먼저 기도한다.

나는 남다른 인생 경험을 가지고 있으며, 4명의 자녀를 둔 교회의 담임목사로서 청소년들에게 올바른 미래의 비전을 제시해야 한다는 책임감을 느낀다. 뿐만 아니라 나는 청소년들과 함께 한 경험이 많다.

나는 20년에 걸친 세월을 동산교회, 충정로교회, 사상교회, 남서울교회, 김포전원교회, 대양교회 등에서 중고등부 청소년 사역을 해 왔다.

때론 '밸런타인데이'라는 문화적 상술로부터 청소년을 보호할 214문화개혁운동인 '타인을 배려하자'는 '배려타인데이(配慮他人Day)' 창시자이기도 하다.

이 운동은 해마다 2월 14일이면 우리 젊은이들 사이에서 유행하는 밸런타인데이를 긍정적으로 변화시켜보자는 의도에서 개발한 문화개혁운동이다. 이 운동의 목적은 상업주의에 물든 청(소)년들을 좀 더 바른 길로 인도 하고자 하는 취지에서 창안했다. 먼저 상업주의적 광고에 현혹되지 않음으로써 초콜릿과 사탕을 사지 않고, 비싼 선물을 구매하지 않는다.

그리고 이날만큼은 다른 사람을 배려하기 위해 용서하고 따뜻하게 안아주는 날이다. 특별히 젊은이들이 안아야 할 대상은 할아버지와 할머니들이다. 또한 초콜릿과 사탕을 살 돈으로 헌금이나 기부를 하여 떡을 제작하거나 적절한 선물을 준비하여 어르신들에게 나눠주는 것이다. 이 문화운동은 한때 국민일보, CTS 등 여러 방송매체를 통해 소개된 적이 있다.

보편화되면 유익한 청소년 문화개혁운동이다.

그래서 창원 안골포초등학교, 서울 백석초등학교 등에서 실시했다는 뉴스를 본 적이 있다. 다시 한 번 이 문화가 꽃필 수 있기를 기대해 본다.

나에게 꿈이 있다. 게이머 힐링센터를 전원적으로 건립하는 것이다. 예를 들면 한국의 알프스로 불리는 배네골 같은 곳에다 집회장소, 운동시설, 컴퓨터실, 상담실, 노동과 천렵을 할 수 있는 최적의 장소에 게이머 힐링센터가 세워지기를 꿈꾼다.

[프로그램]은 다음과 같다.

● 1단계 / 저녁마다 성경말씀 집회, 힐링예배를 드린다.

(1) 절제의 능력을 가르친다.
"오직 성령의 열매는 사랑과 희락과 화평과 오래 참음과 자비와 양선과 충성과 온유와 절제니 이같은 것을 금지할 법이 없느니라"(갈라디아서 5:22, 23).
"그러므로 너희가 더욱 힘써 너희 믿음에 덕을, 덕에 지식을, 지식에 절제를, 절제에 인내를, 인내에 경건을, 경건에 형제 우애를, 형제 우애에 사랑을 더하라 이런 것이 너희에게 있어 흡족한즉 너희로 우리 주 예수 그리스도를 알기에 게으르지 않고 열매 없는 자가 되지 않게 하려니와 이런 것이 없는 자는 맹인이라 멀리 보지 못하고 그의 옛 죄가 깨끗하게 된 것을 잊었느니라"(베드로후서 1:5~9).

(2) 지속적 자기관리를 위해 말씀으로 죄에 대한 경각심을 일깨운다.
(3) 말씀과 기도에 바탕한 성령의 사역을 통해 문제를 해결한다.
(예를 들면 관계 문제, 가정 환경문제)

(4) 싸이코 드라마와 패널 공방을 통한 열린교육을 실시한다.

저녁 집회 때마다 참여자들이 직접 만든 드라마를 함께 보고 느끼는 것이다. 게임중독자가 자신을 발견하고, 문제를 야기시키는 원인을 발견하게 한다. 또한 시청자들은 그를 비난하는 입장으로서가 아니라 그를 어떻게 이해하고 감싸주며 한 공동체 일원으로서 세워갈 것인지 고민하게 하는 시간이다.

어떤 한 주제에 대하여(예, 어떤 특정 게임) 패널은 찬성과 반대의 양 팀으로 나뉘어 공방전을 펼친다. 그리고 하나님의 말씀을 가지고 중재하며 바른 길로 제시하는 시간이다. 다툼을 위한 시간이 아니라 서로를 알아가는 시간이다.

● 2단계 / 컴퓨터 전문 교육과 기본 생활

(1) 프로게이머가 될 자질을 가진 학생과 지원자는, 일정 기간의 기본 수련과 교육과정 및 치유 프로그램을 통과할 경우 프로게이머로서 준비할 기회를 제공한다.
(2) 프로게이머가 될 자질이 없다면, 다른 컴퓨터 관련 자격을 취득하게 하여 취업의 기회를 제공하여 성실하게 살 수 있도록 프로그램을 마련한다.

위의 두 가지 조건을 가지고 사회생활과 가정생활에 충실할 경우, 교사로서의 자격증을 주고 사회에 봉사하도록 한다(중독예방 및 치유 교사증).

(3) 학생으로서 기본생활을 할 수 있도록 꿈을 주고 본업에 충실하도록 지도한다.

●3단계 / 상담 및 복지 프로그램(전문인 참여) 개발

전문인을 통해 개인의 정신건강 진단과 가정상담 치료를 주목적으로 하며, 복지사를 통해 가정환경을 개선시킨다. 학부모 상담, 환경개선 지원을 위한 장학금 지원, 취직이나 자격증 취득을 위한 복지 프로그램이 필요하다.

●4단계 / 인성 프로그램(전문인 참여)

인터넷뿐만 아니라 사회와 가정에서 활동하는 데 필수적인 인격고양 프로그램이다. 적성검사 및 성품검사를 통해 고쳐야 할 부분을 인지시키고, 교육할 수 있도록 지도하는 프로그램이다.

●5단계 / 운동과 천렵, 노동

자연과 더불어 그 속에서 자기를 발견하고 육체를 정화시키는 프로그램으로서 이 단계를 통해 사회성과 관계성을 발전시켜 가는 데 목적을 두는 프로그램이다. 풋살, 농구, 배드민턴, 수영, 밭 일구기, 멱 감고 물놀이 후 함께 식사하기 등을 통해 그들로 하여금 즐거운 하루를 보내게 할 것이다.

중독 치유에 꼭 필요한 단계로서, 이 프로그램을 통해 모든 치유의 완성도를 높인다. 나는 체험을 통해 이런 힐링 프로그램이 필요하다는 것을 깨닫게 되었다.

나의 체험 유산기

(1) 운동을 배우다

나는 대학원을 다닐 때 아주 힘들게 학업을 해야만 했다. 왜냐하면 암기가 되지 않았기 때문이다. 아무리 열심히 공부해도 돌아서면 까먹었다.

특별히 대학원을 다닐 때에는 새벽에 일어나서 기본적으로 새벽기도를 매일 드려야 했으며, 매일 시험을 치르는 일이 많았다. 그런데 무엇이 문제인지 몰라도 아무리 열심히 공부를 해도 암기과목은 과락을 면치 못할 때가 많았다.

동기생들은 아주 좋은 성적이 나왔다. 그래서 나는 저들이 나보다 몇 살이라도 젊어서 그런 것이라고 생각하고 체념했다.

오전 내내 수업을 마친 후 점심을 먹고 다른 동기생들은 축구, 족구, 탁구, 농구, 배드민턴 등을 하든지 인라인을 타며 여가 활동을 했다. 그리고 그들은 샤워를 하고 들어와서 30분 정도 낮잠을 자거나 휴식을 취한 후에 공부를 했다.

저녁을 먹고 나면 또 탁구를 1시간가량 친 후 밤 9시경이 되면 도서관에 나타났다. 그리고 한 2~3시간 지나면 시험 준비가 끝났다며 들어간다. 그러나 나는 새벽 1시가 되어도 준비되지 못했다. 나는 공부만 했다. 그러나 성적이 나오지 않았다.

그렇게 3년을 보냈다. 그리고 힘들게 힘들게 졸업했다.

SS교회의 강도사가 되자마자 담임 목사님께서 나에게 아침 7시까지 운동하러 나오라고 명령했다. 새벽기도가 새벽 4시 40분부터 시작되어 아침 7시 가까이 되어야 끝났음에도 불구하고 기도 후 7시부터 운동을 해야만 했다. 대부분의 부교역자들이 운동하는 교회였다. 나는 새벽기도 후 잠을 자는 버릇이 있었다. 아침 잠이 얼마나 달콤한가!

그러나 이 운동으로 말미암아 아침 잠을 포기해야만 했다. 그리고 부교역자들과 함께 배드민턴을 배우기 시작했다.

처음 2개월 가량은 이 시간이 너무나 괴롭고 고통스러웠으며 길었다. 그나마 다행인 것은 배드민턴을 치고 나면 점심을 먹고 잠시 의자에 앉아 졸곤 했는데, 10분을 졸고 나면 내 머리는 너무나 맑아졌다. 그렇게 6개월이 흘렀다. 나는 배드민턴이 점점 좋아지기 시작했다.

그런데 내 육체에 놀라운 일이 발생하기 시작했다. 마치 중학교 1학년 때로 돌아간 듯 한 뇌 활동으로 말미암아 기억력이 살아나기 시작했다. 운동 후 낮 시간의 피곤함도 없어졌으며, 밤에 잠이 오지 않는 일도 완전히 사라졌다. 건강을 회복하기 시작한 것이다.

이 후로부터 나의 체력은 놀라울 정도로 좋아졌다. 새벽 4시경에 일어나서 새벽 기도를 준비하고, 낮잠을 10분 정도 자고, 밤 10시 반경에 누우면 1분 안에 숙면을 취하게 되었다. 그렇게 3년의 세월을 지내는 동안 나는 영적으로 육적으로 완전한 건강을 찾게 되었다. 공부를 잘하는 학생들이 왜 공부를 잘하는지 알게 되었다.

(2) 천렵을 배우다

부산 사상에서 서울로 부임했다. 새로운 임지의 부교역자들은 아침마다 수영과 축구를 했다. 5명씩 팀을 나누어하는 축구였다. 더 정확히 말하자면 풋살이다. 이 운동이 얼마나 힘든지는 다들 알 것이다.

나에게 있어 풋살과 수영은 태어나서 처음 해보는 것이었다. 이러한 운동에 힘입어 나의 체력은 더 강해져 갔다. 그래서 사역의 반경도 넓어졌다.

또 여름이면 교회의 동역자들과 함께 양평, 가평 등지의 냇물에서 물고기를 잡는 천렵을 했다.

냇물이나 강가에 그물을 치고 고기를 잡아 매운탕을 끓여 먹으며 하루를 즐겁게 보내는데, 우리는 고기를 잡아 어항을 만들고 잡은 물고기를 키우기도 했다. 나는 물고기 키우는 것을 싫어할 뿐 아니라 천렵 자체를 아주 싫어했다.

'집에서 게임하는 것이 더 좋은데…… . 쉬는 날 왜 이런 곳까지 불려 와야 하나' 하는 생각도 했다. 투덜거릴 때도 많았다. 어떤 핑계로 안 갈까 고민할 정도였다.

그러나 이 천렵은 나의 기존의 생각들을 바꾸어 놓았다. 자연 속에서 지내다 보니 생각할 시간이 많았다. 나와 주위에 있는 사람들과 가정의 자녀들을 생각할 때가 많았다. 그리고 나를 발견할 때마다 행복이 무엇인지 깨닫기 시작했다. 그러다 보니 점점 천렵에 빠져들기 시작했다. 첩렵의 맛은 내게 인생이 무엇인지를 알게 했다. 이 천렵을 통해 사람들과 관계를 맺는다는 의미가 얼마나 유익한지 느끼게 했다.

또한 나의 뇌를 자극했다. 아름다운을 자연을 만끽하며 보고 뛰

고 잡을 때마다 나의 뇌는 활동하기 시작했다. 두뇌의 발달과 아주 밀접함을 느꼈다. 나중에 안 사실이지만 이러한 활동은 우리의 뇌를 발달시킨다는 사실이었다.

자연은 너무나 많은 것이 숨어 있다. 자연의 이치를 통해 과학이 발달하였듯이 자연 속에는 무궁무진한 아이디어가 숨어 있다. 인간이 그 아이디어를 캐내어도 끝이 없을 정도다.

게임의 일정부분도 마찬가지이다. 새로운 것을 보고 배울 때마다 우리의 뇌는 자극을 받고 기억한다. 그리고 뇌를 발달시킨다. 그러나 같은 것을 반복하는 것은 의미가 없다.

(3) 노동을 배우다

그 후 김포의 전원교회로 임지를 옮겼다.

이 교회는 군부대보다도 뒤에 있는 산속 교회다. 그러다 보니 가을에는 낙엽이, 겨울에는 눈이 많이 왔다. 그래서 부교역자들과 함께 그것들을 치워야 했다. 몇 천 평이나 되는 주차장과 교회 주위뿐 아니라 군부대에서 교회 입구까지 들어오는 길까지도 치워야만 했다.

하루의 반나절은 치우는 일이었다. 나는 군대 용어로 속칭 신의 아들이라 눈을 치워 본 적이 한 번도 없다. 그러나 하늘에서 눈이 내리는 새벽이 되면 '아 오늘도 하늘에서 쓰레기가 내리는구나'라며 고통스러워했다.

왜냐하면 새벽마다 기도하러 오시는 성도들이 있으므로, 눈을 쓰레기 치우듯 해야 하기 때문이다. 성도들을 맞이하는 기쁨은 목사로써 참으로 기쁜 일이지만...

여름이면 홍수와 산사태에 대비하여 삽질로 도랑을 파야 하고, 봄이면 잔디와 꽃밭을 정리하고 잡초를 몽땅 뽑아야 하는 곳이었다.

목사였지만 나는 이런 일을 해마다 반복했다. 물론 설교와 심방, 기도, 전도는 기본적으로 하는 일이었다. 군대에서나 배울 법한 체험을 나는 생각지도 못한 곳에서 배우고 있었다.

나는 이곳에서 몸으로 하는 노동을 통해 새로운 것을 발견했다.

처음에는 성도들이 많은데 왜 목회자가 해야 하는지 의아했다. 스트레스를 받기도 했다.

그러나 어느 날 자연 속에서 땀을 흘리는 것에 대한 의미를 발견하기 시작했다. 이렇게 자연 속에서 땀을 흘리고 나면 내 기도의 자세가 바뀌어져 갔다. 성경을 읽으면 그날그날 주시는 하나님의 말씀이 이전과는 달랐다.

이 노동은 운동이나 천렵과는 또 달랐다. 이 노동은 나 자신을 다시 생각하게 만들었다. 나 자신을 더 알게 만들었으며 '나는 무엇을 해야 하는가?'라는 질문을 던지게 했다. 그리고 나를 꿈꾸게 했다. 미래를 상상하게 했으며 '나는 어떤 삶을 살아야 하는가?'라는 꿈에 대한 질문을 던지게 했다.

하나님은 아담의 죄로 인해 인간에게 평생 수고하지 않고는 먹고 살 수 없도록 벌을 내리셨다.

"아담에게 이르시되 네가 네 아내의 말을 듣고 내가 네게 먹지 말라 한 나무의 열매를 먹었은즉 땅은 너로 말미암아 저주를 받고 너는 네 평생에 수고하여야 그 소산을 먹으리라 땅이 네게 가시덤불과 엉겅퀴를 낼 것이라 네가 먹을 것은 밭의 채소인즉 네가 흙으로 돌아갈 때까지 얼굴에 땀을 흘려야 먹을 것을 먹으리니 네가 그것에서 취함을 입었음이라 너는 흙이니 흙으로 돌아갈 것이니라 하시니라"(창세기 3:17-19).

노동을 통해서는 영성이 쌓이기보다는 교회의 대한 애착이 증가한다는 것을 깨달았다. 엉겅퀴는 가시식물이다. 결국 노동은 나에게 고난을 주고, 때론 갈등을 일으키기도 한다. 그러나 노동이라는 그 고난을 통해 새로운 꿈과 미래를 바라보게 했다. 결국 노동을 통해 흘리는 땀은 미래를 바라보게 하고 자신의 위치를 깨닫게 하며 더 나은 진보를 위해 고민하게 하는 아주 특별한 도구였다.

나는 그렇게 점점 바뀌어져 가고 있었다.
이 얼마나 놀라운 일인가!
나는 이 모든 것을 다시 하고 싶다. 가장 건강하게 사는 법을 나는 자연스레 배우고 있었던 것이다. 하나님이 일부러 나를 위한 맞춤형 프로그램을 만들었던 것이다.
나는 하나님이 가르쳐준 프로그램을 이제는 나눠 주고 싶다.

● 6단계 / 사이코 드라마와 앱 개발

힐링센터에 참여한 이들이 스스로 중독과 관련하여 사이코 드라마를 만들고 함께 보며 공감하는 시간을 가짐으로 자신을 더 자세히 알아가는 시간을 가진다.

또한 앱을 통해 캠프 체험 후 지속적인 관계를 유지하도록 한다.

● 7단계 / 아침기도 프로그램

아침기도의 훈련은 자기와의 싸움을 승리로 이끄는 시간이다. 늦게 자는 자신을 바꾸고 아침기도의 시간을 통해 하나님께 나아가 거듭나는 시간이다. 이후 낮잠을 통해 정신이 더 맑아지도록 유도하는 프로그램이 될 것이다.

그래서 나는 게이머 힐링센터를 통해 재현해 보고 싶다. 지금 준비된 것이라고는 몸 밖에는 없다. 그러나 다행히도 지금 준비 중인 비영리 사단 법인을 통해 한 걸음씩 나아가보려고 한다.

> 자연은 최고의 치료제다. 치료는 반드시 회복을 동반한다. 사람은 살면서 잃어버린 육적, 영적 건강을 치료하지 않으면 점점 힘들어진다. 특히 영적, 정신적인 회복이 중요하다. 저자는 체험을 바탕으로 그 치료제를 소개하고 있다. 또한 이 장(章)에서 저자는 게임 중독에 빠지지 않기 위해 자제력을 가질 것을 강조하면서 말씀과 기도로 자신을 하나님 앞에 세우라고 말한다. 그리고 '게이머 힐링센터'를 설립해서 회복의 은혜를 나누기를 소망하고 있다.

여기, 질문이요!

I. 게임에 중독되기 쉬운 자녀들의 가정환경은 어떤가요?

부모의 무지와 열악한 가정환경은 자녀를 게임 중독자로 만들 수 있다.

[참고뉴스 1] 보건복지부가 공개한 '2012년 전국 아동학대 현황 보고서'를 보면 해마다 사례가 늘어나고 있는데, 우리나라에서 한 해 발생하는 10건 중 8~9건은 집에서, 부모가 저지르는 것으로 조사됐다.

발생 장소의 대부분(87%)은 '가정'이었고, 학대자의 83.8%는 '부모'였다. 특히 한 부모 가정(부자 · 모자 가정, 미혼부 · 모 가정)에서 발생한 아동학대가 전체의 40%나 차지했다.

어린이집(2.1%), 복지시설(2.0%) 등 집 밖 다른 장소에서의 아동학대 사례는 상대적으로 많지 않았다.

이 조사에서 알 수 있는 것은 열악한 가정환경의 비중이 상당히 높다. 결손 가정, 아픈 상처가 있는 가정일수록 위험하다는 증거를 찾을 수 있다. 가정을 건강하게 바르게 세우기 위한 부모들의 책임감이 절실하게 요구된다. 이런 환경에서 자라다 보면 아이들은 도피처를 찾게 된다. 그 도피처로써 가장 손쉬운 곳이 게임 세상이다.

가정환경이 평탄함에도 불구하고 게임에 빠지는 자녀들도 있다. 나쁜 친구들이나 이미 게임중독에 빠져 있는 친구들과 어울리거나 극한 스트레스로 인해 잠시 해본 경험으로 말미암아 더 큰 중독 현상이 생겨나는 경우도 있기 때문이다. 그러나 이런 경우 주위의 권면으로 대부분 중독으로부터 해방될 수 있다. 문제는 게임에 너무 몰두한 나머지 현실을 구분하지 못하거나 일시적 정신적 장애가 나타난다는 것이 문제이다. 이럴 경우 큰 사고를 치는 경우도 있는데, 우발적 범행이라 할 수 있다.

게임을 하다 보면 감정 절제를 하지 못하는 경우가 종종 있다. 나 역시 여러 번 경험을 했다. 그래서 평소에는 평범한 사람인데 게임만 하면 욱하는 것이다. 승부욕이 강해 엄청난 집중을 하다보면 신경이 날카로워지는 것이다. 이런 상태는 꼭 게임에만 있는 것은 아니다. 공부를 하거나 일을 할 때도 집중하고 있을 때 누군가가 방해를 한다면 화가 나는 것은 당연한 일이다. 문제는 무엇보다 게임 때문에 감정을 절제하지 못할 때 가정에 싸움이 일어나는 것이다. 상대방은 게임을 하찮은 것이라 생각하지만, 게임에 집중하고 있는 사람은 온 정신을 쏟고 있는 중이기 때문이다.

따라서 게임을 하는 사람은 일의 우선순위, 중요순위를 잊어서는 안 되며, 옆에서 지켜보는 가족은 게임을 하고 있는 그 사람의 마음을 어느 정도 헤아려 줄 필요가 있다. 그렇게 한다면 게임으로 인한 갈등을 줄일 수 있을 것이다.

각 사람마다 여러 가지 환경적 요인이 있겠지만, 불우한 환경으로 인해 마음속에 뿌리내린 상처가 있으면 세상에 적절히 대처하지 못하고 자신만의 세상에 갇히게 된다. 결국 자신을 컨트롤 할 수 없는 지경에 이른다. 그래서 무엇엔가 중독되기가 쉽다. 그리고 한 번의 중독은 또 다른 중독을 부르는 악순환을 거듭한다.

 ## 2. 공부를 잘하는 학생은 게임에 중독되지 않습니까?

자신의 꿈을 잃는다면 우수한 학생도 게임 중독 될 수 있다.

이름만 대면 알만한 유명 대학교 의대생이 있다. 그런데 이 대학생이 게임에 빠져 성적이 형편없이 떨어지게 되자 학교에서 퇴학을 당했다. 결국 이 학생은 시골에 계신 부모님께 몇 년 동안 거짓말하다가 퇴학당한 일이 들통이 났다. 그리고 그 부모가 생활비를 보내지 않자 결국 편의점에서 강도짓을 하다가 잡힌 예도 있다. 요즘은 그런 대학생들이 많아지고 있다는 것이 더 걱정거리라 할 수 있다. 공부 잘하는 사람도 얼마든지 게임중독에 빠질 수 있다. 문제는 비전이다. 그것이 없다면 결국 우리는 게임이라는 놀이 때문에 실패한 인생을 살 수도 있다.

비전을 찾아라!

여기 독특한 사례가 몇 가지를 소개한다.

자녀들이 어떤 목표를 이루기에 지쳐가거나, 의욕이 상실 될 때가 있다.

〔참고뉴스 2〕게임중독에 방황 '서울대 자퇴' 하더니…….

어렸을 때부터 수재란 소리를 듣고 자란 학생이 있었다. 학교에서도 늘 최상위권 성적을 유지한 이 학생은 서울대학교 재료공학과에 진학했다. 하지만 뚜렷한 목표가 없었다. 무엇을 좋아하고, 무엇을 하고 싶은지 몰랐다. 고민만 하던 이 학생은 대학 2학년 때 국가고시를 보기로 맘먹었다. 시험에서 수년간 낙방한 이 학생은 게임중독에 빠졌다. 목표 없는 삶은 그를 나락으로 떨어뜨렸고, 결국 학교를 그만둔 채 방황의 길로 접어들었다.

그러던 그가 지난해 33살의 늦은 나이로 한국폴리텍대학 LED전자과(기능사 1년 과정)에 들어갔다. 폴리텍대는 고용노동부가 운영하는 전문 기능·기술인 양성 학교로, 졸업생들 취업률이 85% 안팎에 이를 정도로 취업명문 학교다. 그는 마지막 기회라고 생각하고 재기의 발판을 마련했다. 이곳에서 현장 실무교육을 배운 그는 알짜 중견기업에 취업했다. 본인이 좋아하는 분야인 컴퓨터 프로그램 개발에 열정을 쏟고 있다. [머니투데이 정진우 기자의 글]

이 같은 예의 성공은 바로 꿈을 발견하고 자신의 길에 바로 돌아섰다는 것이다. 사실 이 경우는 그리 흔하지 않은 경우라 할 수 있다. 그러나 이 기사를 통해 알 수 있는 것은 목표를 상실하고 비전이 없는 사람은 또 다른 무언가에 중독될 수 있다는 사실이다.

게임은 수월하게 접근하고 쉽게 중독될 수 있는 것 중의 한 가지라고 할 수 있다. 또한 이 게임은 나날이 발전하고 있으며, 게임중독은 스마트폰으로 그 자리를 옮겨가고 있다.

Q&A 3. 게임중독 중에 애기를 낳으면 어떻게 되나요?

게임중독에 빠진 사람은 애기를 낳아 기르기도 힘들겠지만, 무엇보다 아기의 정서가 좋지 않을 가능성이 크다.

아기를 가지면 태교를 한다. 태교를 하는 제일 중요한 이유는 아이의 정서와 뇌를 위해서이다. 나는 정서에 더 큰 비중을 두고 싶다. 두뇌의 차이는 크게 좌우되지 않는 것 같다. 그러나 정서는 부모의 노력에 따라 얼마든지 달라질 수 있다. 정서가 좋으면 아이가 건강하게 자란다. 적응력이 좋고, 어려움을 극복하는 인내력도 뛰어나다. 무엇보다 짜증을 덜 내며 집중력도 높게 나타나고 있다.

또한 그런 아기를 키우는 부모도 더욱 행복해질 수 있다. 정서가 불안한 아이가 자주 보채면 부모가 고통스럽고 짜증이 난다. 그러면 그 부모의 스트레스가 아이에게 고스란히 전달되고, 아이의 정서는 더 불안정하게 되는 악순환을 거듭하게 된다. 그러다보면 문제아가 될 가능성이 커진다. 막무가내로 떼를 쓰는 아이들은 정서가 불안정한 경우가 많은데, 그것은 바로 나쁜 태교와 나쁜 환경의 유아기를 짐작해 볼 수 있다.

태교는 아이를 가지기 전부터 중요하다. 엄마 아빠의 난자, 정자가 생성되는 시기에 어떤 생각을 하며, 무엇을 먹으며, 무엇을 보고 들었는지 아기에게 전달된다고 할 수 있다. 사생아로 태어나 거처를 옮겨 다니며 불우한 삶을 살았던 내가 그 예가 아닐까 생각해 본다. 그래서 나는 내 자녀들에게 나와 같은 전철을 밟지 않게 하기 위해 각고의 노력을 해 오고 있다.

그런데 만약 그 부모가 폭력적인 게임을 하다가 관계를 맺어 애기를 낳았다고 치자. 불안정한 부모의 심신 상태에서 나온 새 생명체는 불안정한 정서를 지니고 있을 것이다. 그 아기를 부모가 낳아서 기르면서 사랑과 관심으로 키운다면 그나마 좋을 텐데, 아기에게는 관심도 없고 게임 속의 캐릭터(아바타)에만 더 많은 관심 가지게 된다면 아기는 더욱 불안한 상태로 자라게 되는 것이다.

우리가 게임 속에서 새 캐릭터를 처음 생성할 때, 초반의 캐릭터 형성이 아주 중요하다. 어떤 게임이냐, 게임의 전망성은, 내 캐릭터의 종족은, 내 캐릭터의 속성은, 어떤 서버, 어떤 진영을 택할 것이냐 등등을 고민하다가 혹시 밸런스가 안 맞으면 캐릭터를 삭제시키기도 한다. 이처럼 자녀도 초창기의 형성 시기부터가 중요하다. 그러나 여러분이 반드시 알아야 하는 것이 있다. 여러분이 실제로 낳은 아기는 마음에 안 든다고 함부로 삭제시킬 수 있는 캐릭터가 아니라는 사실이다.

〔참고뉴스 3〕게임광(狂) 어린 부부, 생후 1년 된 아기 굶겨 죽여

게임에 빠진 젊은 부부가 이제 막 돌이 된 아기를 굶겨 방치해 죽게 만든 사건이 충격을 주고 있다.

7일 중국 포털 왕이(網易) 뉴스는 타이완 매체의 보도를 인용, 한 젊은 부부가 온라인게임에 중독돼 아기를 방치해 사망케 한 혐의로

6일 타이완 법원으로부터 5년 4개월의 징역형을 선고 받았다고 보도했다.

이들 부부는 지난 2011년 2월 23일, 평소처럼 컴퓨터로 게임에 빠져 아기를 침대에 방치해 뒀다.

그러다 잠시 아기를 살폈을 때 이미 손과 발이 차갑게 식은 상태였고, 곧 병원으로 옮겼지만 사망했다. 비쩍 말라 3kg이 채 나가지 않았던 이 여아의 사망 원인은 영양 부족으로 인한 아사였다.

보도에 따르면 23세, 22세의 이 부부는 매월 2만 타이완달러(75만원)를 온라인 게임에 쓰면서 아이가 죽기 전 3개월 동안 분유조차 구입하지 않았던 것으로 드러났다. 경찰은 가택 수사에서 발견한 영수증으로 미루어 아기가 생후 9개월이던 2010년 11월 한 통을 구입한 것을 마지막으로 분유를 산 적이 없다는 사실을 밝혀냈다. 경찰에 따르면 이들 부부는 그동안 아기에게 분유 대신 죽을 먹였던 것으로 드러났다.

타이완 타오위안(桃園)지원 법원은 22세, 23세의 이 부부에게 아기를 제대로 돌보지 못해 사망케 한 데 유기치사죄를 적용, 5년 4개월의 징역을 선고했다. [스포츠서울닷컴 | 박설이 기자]

중국에서 일어난 아주 특별한 뉴스이지만 이런 사례는 전 세계적으로 점차 늘어나고 있는 실정이다. 우리나라에서도 온라인게임을 하다가 만난 젊은이들이 어쩌다 자녀를 낳았지만, 제대로 기르지 않아 정서불안으로 자라는 아이들이 늘어나고 있는 추세이다. 또한 그 아기들이 버려지고 있는 실정이다. 게임 때문이라고는 단정 지을 수 없다. 그러나 분명한 것은 자신이 하는 게임 때문에 더 소중한 것을 잃어버리는 젊은이들이 많다는 것이다.

설령 낳아 기른다 할지라도 그 아이가 올바르게 자라지 못하여 불량청소년이 될 가능성이 있다. 그리고 이 아이들이 자기 부모와 똑같은 부모가 될 가능성도 크다.

〔참고뉴스 4〕 PC방 가려는데 아기가 운다고 목 졸라 죽여 버린 부부

대구에서 게임에 빠져있던 20대 초반의 정모씨는 28개월 된 아들을 목 졸라 살해하고 쓰레기봉투에 담아 편의점 쓰레기통 근처에 유기했다.

결혼 전에 나의 삶을 보라. 결혼 약 3년 전부터 새벽기도와 성경을 읽고, 건강한 삶을 사는 내용이 있다. 담배도 끊고 사람을 사랑하고 관계를 중요시하는 삶이 있었다. 그러한 삶이 있었기에 나의 첫 아이부터 건강하게 태어나고 자랄 수 있었다고 자부한다.

 4. 내가 하고 싶은 게임을 즐기며 살 수는 없나요?

자기가 해야 할 책임을 다하면 얼마든지 게임을 할 수 있다

자기가 해야 할 책임을 다하면 얼마든지 게임을 할 수 있다고 생각한다. 그러면 중독자가 아니라 그는 마니아, 게이머, 취미 생활하는 자라고 나는 생각한다. 문제는 자신이 져야 할 책임의 분량이 어느 정도인지 알아야 한다. 만약 자신에게 주어진 일이 너무 많다면 게임 시간을 줄여야 하는 것이다. 그것이 힘들다면 가장 비중이 적은 것 하나를 줄여야 하지 않을까? 가정도 돌봐야 하고 직장도 다녀야 하고 자신의 새로운 자격증을 위해 공부까지 해야 하고 게임도

해야 한다면 이 중에 무엇을 포기해야 할까?

시험기간인데 게임을 하고 싶을 때가 있다. 나는 쿨하게(용어) 할 수 있다고 생각한다. 그러나 오늘 해야 할 분량의 공부가 있다. 그럼 그것을 먼저 해야 하는 것이다. 해 놓고 게임하면 되는 것이다. 그 대신 시험의 결과에 대한 책임은 자신이 져야 한다. 놀 거 다 놀고 좋은 시험 결과를 기대한다면 그것은 과욕이다. 그러나 내가 만난 하나님은 나의 부족함을 아시고, 기도하면 필요를 채워주시곤 하셨다. 물론 모든 것이 내 뜻대로 채워진 것만은 아니다. 기도 응답을 반대로 받을 때도 있다. 결과를 인정하고 자신을 돌아볼 줄 아는 사람은 정상적인 삶이 가능하지만, 허망한 꿈만 꾸는 사람은 결국 망하는 것이다. 내가 놀 거 다 놀고 좋은 성적을 바란다면 도둑이다.

시험 기간에도 게임을 하고 싶다면 평소에 실력을 키워라. 그러면 아무리 바쁠 때라도 내가 원하는 게임을 하면서 공부나 일을 할 수 있다. 그런 정도의 능력을 갖춘 사람이라면 어느 정도의 일탈은 허락이 될 것이다.

그러나 인간관계는 실력과는 무관하다. 예를 들어 가정에는 남편으로서, 자녀로서의 의무가 있다. 남편은 아내의 힘겨운 가사를 돕기 위해 심부름도 해야 하고 함께 먹고 마시고 대화를 나눌 시간이 필요하다. 그럼에도 불구하고 혼자 게임만 한다면 가장 기초적인 인간관계인 부부의 관계는 깨어지고 만다. 그로 인해 가정의 갈등이 시작된다. 가정을 잃은 사람은 더 많은 것을 잃게 된다. 이 규칙을 유념한다면 자신이 하고 싶은 게임을 얼마든지 할 수 있는 여유를 누리게 되지 않을까?

5. 게임 잘하면 임요환 선수처럼 저도 부자가 될 수 있는 거 아닌가요?

될 수도 있다. 그러나 망할 가능성이 더 크다. 확률이 낮다. 참고로 그 정도의 열정을 가지고 자기 적성에 맞는 성실히 공부를 하거나 일을 하거나 또는 운동, 예술을 한다면 당신은 부자가 될 가능성이 훨씬 더 크고 그 시기도 빨라진다.

누구나 쉬운 길을 가려고 한다. 젊은이들에게 있어 게임하는 길은 쉽고 재미있다. 그래서 많은 젊은이들이 그 길로 가기를 원한다. 그리고 그 시간이 아깝지 않다고 생각한다. 여기에 함정이 있는 것이다.

> 세상의 영광을 주겠다는 마귀의 유혹에 넘어가지 말라!

또한 상업주의자들은 여러분들을 끊임없이 유혹한다. 현혹되지 말라. 망할 가능성이 더 크다는 것만 유념해야 한다. 왜냐하면 프로로서 그 지위가 올라갈수록 그곳 또한 좁은 문이 된다. 문제는 그 과정에서 잃는 게 너무 많기 때문에 부모들이 만류하는 것이다. 그 과정 속에서 안정된 수입과 보람을 느낄 수 있다면 좋겠지만 아직 우리나라의 실정은 그렇지 못하다. 내가 생각할 때 프로게이머가 되는 길은 서울대 들어가는 것보다 더 어렵다고 생각한다. 단, 재능이 있는 사람 빼고 말이다. 게임을 하듯 열심히 뼈 빠지게 공부를 하면 서울대는 못가더라도 그 아래 단계의 대학은 갈 수 있다. 하지만 게임의 세계에는 아직 그러한 단계가 없다. 그렇다고 프로의 꿈을 접으라고 말하지는 않겠다. 왜냐하면 미래에는 세상이 어떻게 변할지 모르기 때문이다.

나는 학창 시절 이런 말을 하신 선생님을 기억한다.

"고등학교 3년 고생할래? 20살 이후 30년 고생할래?"

계산 해보니 3년만 고생하면 되었다.

반문하며 이렇게 말하는 이도 있다.

"시키는 대로 3년을 고생했는데, 또 30년을 고생하는 건 뭔가요?"

나의 대답은, 이렇다.

"3년 고생 안 했다면 60년 고생할 것이다."

만약, 내 주위에서 정말 게임을 잘하는 재능이 있는 학생을 만난다면 나는 그 친구에게 프로게이머가 되도록 코치할 것이다. 즉 프로게이머가 될 수 있도록 도와주겠다는 것이다. 물론 실패할 수도 있을 것이다. 그러나 인생에서 최선이 무엇인지를 알게 해 주고 싶다. 프로의 세계는 아무나 들어가는 것이 아니다. 정말 죽도록, 괴롭도록 훈련을 받는다. 더 이상 게임이 놀이가 아니다. 프로게이머도 마찬가지다. 입문했다가 힘들어 돌아온 내 PC방 동료가 그랬다.

"형, 그냥 중국집 배달하는 게 쉬워!"

프로게이머는 아무나 하는 것이 아니다. 프로게이머 하다가 나이트클럽에서 일하는 선수도 있다. 프로게이머의 세계는 아주 열악하다. 프로게이머의 세계에서 살아남기 위한 노력은 그냥 '내가 재밌으면 되지'라는 말처럼 쉬운 것이 아니다. 엄청난 스트레스를 받으며, 피나는 노력을 통해 경쟁자와의 싸움에서 살아남아야 한다. 그저 돈을 많이 벌 수 있는 그런 곳이 아니다. 놀이터도 아니다. 내 자녀라면 차라리 연예인이나 운동선수가 되라고 말하고 싶다.

솔직히 내가 진정으로 하고 싶은 말은 '차라리 평범하게 살면서 너의 밥벌이를 하며 게임하라'고 말하고 싶다. 최소한 가족들에게 폐를 끼치는 기생충이라는 말을 듣는 존재는 되지 말아야 하지 않겠는가?

'앞으로는 게임이 발전할 것이니 내가 선구자이고 싶다'라고 말하는 이도 있다.

뭐 그런 철학으로 게임을 한다면 막지는 않겠다. 그것도 꿈이라면 꿈이다. 그러나 책을 읽고 사람을 보는 눈을 키우지 않는다면, 그 꿈은 한낱 일장춘몽에 불과하다.

그리고 사회 적응을 하지 못하는 학생들은 현실에서 도피하여 온라인상에 자신의 영혼을 가둔다. 그리고 현실과 가상세계를 구분하지 못하는 지경에 이르게 된다. 그리고 온라인상의 캐릭터에 자신의 감정을 이입시킨다. 그리고 그 곳에서 자신의 꿈을 이루려고 한다. 가끔씩 현실로 돌아오려고 노력해 보지만 현실은 혹독하다는 것을 깨닫고 다시 돌아간다. 그 혹독한 현실 속에서 살아남을 수 있는 방법은 범죄 외에는 없다. 만약 당신이 여기에 가까운 사람이라면 당신은 게임중독자다.

지금 게임을 하는 사람이라면 먼저 자신의 꿈이 현실에서 실현가능한 꿈인가를 생각해 봐야 한다. 그렇지 않으면 자신에게 주어진 시간들을 좀 먹고 있다고 봐야 한다. 당신이 정신을 차렸을 때는, 이미 그 시간은 돌이킬 수 없는 시간이기 때문이다. 자신이 소중한 젊음을 불태운 엄청난 노력의 대가로 얻은 몇 백만 원, 몇 천만 원의 레어템은 결국은 바람에 나는 먼지와 같은 것이 되고 말 것이다.

"우리가 믿는 도리의 소망을 움직이지 말고 굳게 잡아 서로 돌아보아 사랑과 선행을 격려하며"(히브리서 10:24~25).

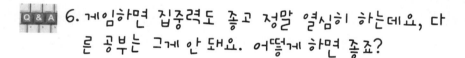

6. 게임하면 집중력도 좋고 정말 열심히 하는데요, 다른 공부는 그게 안 돼요. 어떻게 하면 좋죠?

꿈이 있는 사람, 자기 꿈을 이루며 게임을 즐길 수 있다. 그 꿈은 집중력을 높여 주고 재미를 불어 넣어 줄 것이다.

대부분의 사람들이 그렇다. 무슨 일이든 재미있으면 하고 재미없으면 안 한다. 그것은 어릴 때부터의 잘못된 습관 때문이라 할 수 있다. 어떻게 사람이 하고 싶은 일만 하고 살 수 있겠는가? 그러니 그 습관을 바꾸어야 한다. 무슨 일이든 최선을 다하며 성실하게 사는 법부터 배워야 하는 것이다. 책임지는 인생의 법부터 배워야 한다. 어쩌면 이러한 문제는 부모님과 먼저 상담할 문제라는 생각이 든다. 부모로부터의 훈계와 교육이 그만큼 중요하다는 것이다.

그러나 기도하면서 자신을 살피고 깨닫는다면 스스로도 얼마든지 바뀔 수 있다. 하나님은 쓸모없다고 우리를 버리는 분이 아니다. 나는 부모의 도움도 없을뿐더러 어떤 통제도 받지 못한 가운데 10대의 마지막 시절과 20대 시절을 보냈다. 그래서 나는 완전 통제 불능이 되어 버렸다. 그래서 어딜 가든 한곳에 진득하게 오래 있지 못했다. 구속이 싫었다. 그러다보니 다른 사람으로부터 인정받고 안정을 누릴 기회가 점점 사라졌다. 스스로 복을 차는 사람이었다.

때로는 내가 하기 싫은 것도 하는 훈련이 필요하다. 공부는 바로

악습 = 포기형 인간

그러한 것을 깨닫게 한다. 물론 공부는 지식을 습득하기 위한 것이지만, 나는 또 다른 면을 강조하고 싶다. '하기 싫은 것을 하도록 배우는 것도 공부다'라는 것이다. 물론 학창시절에 공부를 좀 못할 수 있다. 그러나 포기부터 배운다면 나중에 하기 싫지만 꼭 해야 하는 일들과 맞닥 뜨렸을 때 감당할 수 없게 되어 또 다시 포기하게 될 수 있다. 그것이 반복되면 악습이 되어버린다. 이것은 결국 아주 나쁜 습관을 형성하여 평생 동안 포기를 거듭하는 사람이 되고 말 것이다.

대체로 이런 잘못된 습관을 나중에 깨닫는 젊은이들이 많다. 그러나 그때는 이미 늦다. 그러나 빨리 돌이키기만 한다면 더 이상 손해보지 않는다. 늦다고 생각할 그때가 가장 빠른 때라는 말도 있다.

더 이상 게임에 빠지고 싶지 않은데, 결국 의지가 부족해 똑같은 나쁜 행동을 반복하는 친구들이 있다. 음란물을 보기도 하고, SNS에 중독된 친구들도 있다. 다시 말하지만 꿈과 목표를 가져라. 꿈이나 목표가 있는 사람은 지금 자신이 해야 할 중요한 것이 무엇인지 안다. 그 목표, 꿈부터 설정하길 바란다.

Q&A 7. 목사님 자녀들도 게임을 하고 싶다면 가르칠 건가요?

우스갯소리 같이 들리겠지만, 나는 앞으로 게임도 스포츠나 바둑처럼 수백억대의 연봉을 받는 인기 있는 직업이 될 수 있을 것이라고 생각한다. 그러나 아직 권장하고 싶지는 않다. 그러나 소질 있다면 막지는 않겠다. 제일 중요한 것은 성실하게 살며, 쓸데없는 것에

야망을 가지고 헛된 삶을 살지 않게끔 양육하고 싶다. 자신에게 주어진 현실에 성실하게 최선을 다하고, 자신이 가치 있다고 생각하는 일을 위해서는 목숨까지도 걸 수 있는 자녀로 가르칠 것이다. 그것이 e스포츠라도 말이다.

Q&A 8. 어떻게 그렇게 게임 좋아하고도 목사가 되었나요?

결론부터 말하자면 게임을 좋아하면서 자기 일에 인정받기란 쉬운 일이 아닌 것 같다. 신학대학원 동기 중에 한 명은 1학년 때 나에게 스타크래프트 게임을 이겨보려고 열심히 게임하다가 결국 1학기 이후 나를 이기기 시작했다. 그러나 그는 결국 졸업하지 못했다. 대가 없는 성과는 없다. 이 케이스는 아주 안 좋은 경우이다. 여러분의 게임 실력이 늘어나는 만큼 성적은 떨어진다.

사고의 전환이 일어나야 한다. 즉 자기 일을 충실히 해서 인정받고 게임을 좋아하는 것은 여가 활용을 잘하는 사람이라 할 수 있다. 책임감 있는 행동이 필요한 것이다. 그렇지 않으면 망하는 길로 갈 수밖에 없다.

대부분 청(소)년들이 실수하는 것이 바로 놀고 공부하려는 앞뒤가 바뀐 생각 때문이다. 다 놀고 공부하려니 힘에 부치는 것이다. 아직 어리니 절제가 잘 되지 않을 것이다. 그래서 어른들의 훈계에 귀를 기울여야 한다.

그럼에도 불구하고 게임하면서 공부할 수 없냐는 친구에게 한 가지 팁을 준다면, 하나님께 진실된 기도를 해 보라. 허황된 기도가 아닌 자신을 정확히 아는 기도, 그리고 자신의 연약함을 인정하는 기도를 하라. 그리고 지은 죄가 있다면 회개하라. 하고 싶은 게임에 대해 어떻게 해야 하는지 물어 보라. 하나님은 가르쳐 주실 것이다. 왜냐하면 하나님은 지혜자이기 때문이다. 또한 성경을 읽어서 깨달음을 얻든지, 목사님의 설교를 통해 깨닫든지 상담을 하라. 분명한 것은 게임하는 만큼 잃는 것이 있다는 것은 법칙이다.

솔직히 말하자면 나는 남편으로서, 아버지로서는 부족한 것이 많지만 다행히 감사한 것은 아내가 엄마의 역할을 잘해 주어 4명의 자녀를 뒀다. 게임 때문에 아내랑 다툰 적도 많다. 물론 내가 100% 잘못한 것이다. 내가 내 잘못을 솔직히 인정하고 하나님 앞에 문제를 내어놓았을 때 하나님은 나에게 기회를 주었다. 스스로 깨닫게 하셨다. 자신의 잘못을 인정할 줄 모르면 하나님은 당신을 절대 찾아주지 않는다.

내가 스스로 컴퓨터 게임 중독에서 해방될 수 있었던 상황들을 소개하겠다.

❶ 하나님을 만나 죄를 알고 내가 누구인지를 알았다.

❷ 게임보다 더 재미난 일을 발견하였고, 때로는 하고 싶은 게임이 있어도 절제하면서 내 본업을 열심히 할 수 있었다. 왜냐하면 본업이 게임보다 더 재미있다는 것을 알게 되었다. 때로는 힘들어도 본업을 하지 않으면 안 되는 책임감을 느끼기에 최선을 다하게 되었다.

❸ 다른 사람과 함께 하는 운동을 배웠다(배드민턴, 축구, 풋살, 수영, 천렵 등). 그래서 사람을 더 좋아했다.

❹ 땀을 흘리는 노동의 가치를 배웠다. 머리가 더 맑아지고 기쁨

이 샘솟았다(그리고 게임도 했다.).

❺ 가정을 통해 진짜 행복이 무엇인지 알게 되었다. 아버지가 되어보니 삶에 있어서 더 소중한 것이 무엇인지 보이기 시작했다. 물론 하나님의 말씀이 바탕이 되어서다.

❻ 하나님의 말씀을 통해 성령의 9가지 열매 중 "절제"를 배웠다. 그래서 책임감 있게 일을 추진 하면서도 내가 하고 싶은 게임이 있으면 한다. 지금도 나의 여가 활동 중에는 스타크래프트 2가 포함되어 있다. 나는 게임 뿐 아니라 배드민턴, 수영, 배영, 풋살 등 운동도 잘하고 좋아한다.

Q&A 9. 그렇다면 게임은 무조건 죄고 하면 안 되는 것인가요?

이 책을 쓰다가 막힌 부분이다. 책의 마무리가 되지 않아 고민했다. 누군가가 위와 같이 질문한다면 나는 어떻게 대답해야 하는가?

게임도 죄인가요? 하면 안 되나요? 볼링이라는 게임을 좋아하는 목사들도 많은데요. 그래서 데살로니가전서의 5장 22절을 보면 "악은 모든 모양이라도 버리라"고 단호히 말씀하신다. 그래서 연구해 보았다.

데살로니가전서의 전체의 흐름은 다음과 같다.

1장부터 3장 13절까지는 모범적인 교회에 대해서 설명하고 있다.

그 이후 4장 12절까지는 모범적인 삶의 행위에 대해 설명하고 있다.

4장 13절부터 마지막으로 예수님의 재림에 대한 소망과 재인식을 강조하고 있다.

이 성경의 전체적 주제는 교회 뿐 아니라 우리 자신이 성전이요, 가정이 교회라는 것이다. 그래서 교회를 건강하게 세워 가기 위해 어떤 교회가 건강하고 모범적인 삶을 살며 앞으로 어디에 꿈과 소망을 두고 살아야 하는지를 가르쳐주고 있다.

결국 우리 자신에게 적용할 수 있는 동일한 하나님의 메시지로 주어진다. 우리에게 꿈과 희망, 미래를 주기 위한 하나님의 메시지인 것이다.

이러한 내용 가운데 우리에게 아래와 같은 말씀을 주셨다.

15. 삼가 누가 누구에게든지 악으로 악을 갚지 말게 하고 오직 피차 대하든지 모든 사람을 대하든지 항상 선을 좇으라

16. 항상 기뻐하라

17. 쉬지 말고 기도하라

18. 범사에 감사하라 이는 그리스도 예수 안에서 너희를 향하신 하나님의 뜻이니라

19. 성령을 소멸치 말며

20. 예언을 멸시치 말고

21. 범사에 헤아려 좋은 것을 취하고

22. 악은 모든 모양이라도 버리라

악의 모양도 버리라는 것은 우리의 건강하고 행복한 삶을 위해 주신 하나님의 말씀이다.

즉 건강하고 행복한 삶을 살 수 있기 위해 악의 모양이라도 버려라고 가르쳐 주는 것이다. 범사에 헤아려 좋은 것을 취할 수 있도록 하기 위해 악을 버리라는 것이다.

여기서 잠시 예를 들어 문제를 하나 제기해 보자.
● 디모데전서 6:10

"돈을 사랑함이 일만 악의 뿌리가 되나니 이것을 탐내는 자들은 미혹을 받아 믿음에서 떠나 많은 근심으로써 자기를 찔렀도다."

● 디모데후서 3:2

"사람들이 자기를 사랑하며 돈을 사랑하며 자랑하며 교만하며 비방하며 부모를 거역하며 감사하지 아니하며 거룩하지 아니하며."

● 히브리서 13:5

"돈을 사랑하지 말고 있는 바를 족한 줄로 알라 그가 친히 말씀하시기를 내가 결코 너희를 버리지 아니하고 너희를 떠나지 아니하리라 하셨느니라."

돈을 사랑하는 것은 악의 뿌리이다. 근원이라는 것이다. 즉 돈은 게임보다 더 나쁜 것이라 할 수 있다. 버려야 하는 거 아닌가? 그렇지 않다는 사실을 다 알 것이다.

그리고 다음 성경 구절들을 살펴보라.

● 로마서 12:9

"사랑에는 거짓이 없나니 악을 미워하고 선에 속하라."

● 시편 37:27

"악에서 떠나 선을 행하라 그리하면 영원히 살리니."

● 베드로전서 3:11

"악에서 떠나 선을 행하고 화평을 구하며 그것을 따르라."

● 욥기 28:28

"또 사람에게 말씀하셨도다 보라 주를 경외함이 지혜요 악을 떠남이 명철이니라."

● 잠언 4:27

"좌로나 우로나 치우치지 말고 네 발을 악에서 떠나게 하라."

하나님은 우리에게 무엇을 가르쳐 주기 위함인가? 교회, 가정, 우리 자신들이 건강하고 행복한 삶을 누리기 위해 취해야 할 더 중요한 진리를 가르쳐 주고 있다. 더 나아가 진짜 바라보아야 할 소망이 있기 때문이다. 그래서 삶 가운데 돈은 필요하다. 돈이 있어야 취미생활을 즐기고 유익한 삶을 살며, 하나님을 기쁘시게 할 수 있다. 돈을 버릴 수는 없다.

볼링 게임의 유래를 살펴보자.

볼링의 기원은 명확하지 않으나 공을 굴려서 물건을 쓰러뜨린다고 하는 인간의 파괴본능에 의한 게임은 옛날부터 있었던 것으로 추측 한다. 영국의 고고학자 F. 페트리가 B.C. 5000년 이상의 것으로 보이는 이집트 고분을 조사했을 때, 어린이의 무덤 속에서 오늘날 볼링과 비슷한 돌로 만든 볼과 핀을 발견하였다. 이것이 지구상에 생겨난 최초의 볼링 용구로 여겨진다.

그런데 중세에 들어와서 유럽에서 독일의 성직자들이 종교적 의식을 하고 있었다. 그것은 '케겔 쓰러뜨리기'라는 게임이었다. 즉 볼링이다. 케겔(핀)을 악마의 상징으로 보았고, 이것을 쓰러뜨린 사람은 신앙심이 깊은 사람으로 인정을 받았다. 점차 흥미본위로 되어 수도원 내에서는 금지되었으나, 유럽 전지로 유행하였다. 이 볼링을 완성한 사람은 16세기 유명한 종교개혁가 마틴 루터였다. -인터넷에서 발췌-

그러한 볼링 게임은 유럽에서 대 히트를 쳤다. 그러나 문제가 생기기 시작했다. 수도원에서 성직자들 사이에 이 게임으로 인해 중독 현상이 일어나기 시작했다. 게임 중 잡아야 할 마귀는 안 잡고 서로 싸우며 분을 참지 못하는 일이 생기자 금지하기 시작했다. 이유가 무엇인가? 악의 모양이라는 것을 깨달았던 것이다. 이러한 건강한 영성을 우리는 본받아야 한다. 즉 삶 가운데 하나님의 은혜와 사랑을 잊게 만드는 악의 모양이었던 것이다.

악의 원어를 살펴보면 여러 가지가 있는데 그 중에 포네로스(악) 단어를 찾아 보자.

포네로스(PONHROV)의 뜻은 '힘드는', '괴로운', '악한'이고 그 어근은 포네스(POVNO)인데, '노고', '수고', '고통'이라는 뜻이다.

이러한 원어의 뜻을 헤아려 볼 때 우리 자신을 학대하고 고통을 주는 과도한 업무나 스포츠, 게임, 모든 것이 악의 모양이 될 수 있는 것이다. 그러므로 모양을 버려야하는 이유는 하나님이 우리의 삶을 불편하게 하여 천국만 바라보게 하기 위한 어떤 걸림돌이 아니라 하나님의 사랑을 망각하지 않도록 하기 위한 하나님의 배려이다. 고생스럽고 고통스러운 어떤 것에 빠져 살다 보면 진짜 소중한 것을 잊어 버리게 된다. 가정, 부모, 친구, 동료, 이웃을 향한 사랑 하나님의 사랑말이다.

반대로 만약 우리가 절제력을 가지고 잘 통제하여 즐길 수 있는 게임이 된다면 유익할 수 있다. 게임을 통해 이웃과의 관계를 개선하고 친목을 다지며 하나가 되어 하나님의 뜻을 이룰 수 있다면 게임도 우리에게 허락되는 도구라 할 수 있다.

부모 교육 TipS

1. 환경을 지배하는 자로 키우라 – 3의 법칙

- 환경에 지배당하는 사람들

교육 영상 중에 '3의 법칙'이라는 자료가 있다. 내가 처음 이 영상을 TV를 통해 접한 것은 2006년 경 김포전원교회에서 사역할 때이다. 나는 이 영상을 보고 너무나 놀랐고 바로 이 영상을 편집하여 그 다음 주 즉각 설교를 한 적이 있다. 이 영상 내용 중에는 환경에 지배당하는 사람들의 모습을 실험을 통해 보여 준다. 또한 역으로 환경을 지배할 수 있다는 것이 영상의 핵심 내용이다.

(구체적인 동영상을 홈페이지〈http://게이머.kr〉에서 볼 수 있다.)

예를 들어 어떤 특정한 환경을 만든다.

여러 가지가 있는데, 일단 감옥이라는 환경을 만든다. 그리고 참여자들을 간수와 죄수들로 나눈다. 그러나 이들은 진짜가 아니고 연기자들이다. 그렇게 가짜 죄수와 간수로 며칠 간 생활한다.

일주일이 지났을 때 무슨 일이 벌어져 있을까?

그들은 진짜 간수와 죄수처럼 행동한다는 내용이다. 즉 환경에 의해 모두 다 착각하고 있다. 환경에 지배당한 사람들의 모습을 실험을 통해 촬영한 결과이다. 이러한 실험은 아주 놀라웠다. 더 황당한 것은 가짜 죄수들은 가짜 간수들의 폭력에 아무런 저항없이 따르는 죄수가 되어 있더라는 것이다. 즉 그들은 환경에 지배당한 것이다.

그 외에도 여러 실험이 있다. 가짜 안과 병원과 가짜 의사, 가짜 간호사가 있는데, 진짜 환자가 들어온다. 눈을 검사하기 위해 들어온 환자는 얼토당토 않는 의사의 질문과 요구를 들어 주게 된다. 마치 몰래 카메라를 연상시킨다. 문제는 진짜 환자는 가짜 의사와 몇몇 가짜 간호사들의 지시에 따라 엉뚱한 행동을 하면서 전혀 의심하는 눈치가 없거나 혹, 이상한 상황임을 느낄지라도 아무런 저항이 없다. 예를 들어 '팔굽혀 펴기를 해 보라' 하면 안과에 온 손님이 눈과는 아무 상관도 없는 그 지시대로 따른다는 것이다. 유명한 심리학자들은 이 영상을 보며 박수를 치며 잘된 실험이라고 환호한다.

사람은 환경에 지배되기 쉽다는 것을 실험을 통해 보여 준 것이다. 이렇듯 판단력이 낮은 자녀들은 더욱 환경에 지배되기 쉽다.

- 환경을 지배하는 사람들

그러나 반대로 세 사람 이상 함께 모이면 환경을 바꿀 수도 있다.

이 실험의 시작은 처음 한 사람이 건널목을 건너다 하늘을 보며 팔을 펴서 손가락으로 무언가를 가리킨다. 그때는 건널목의 수많은 사람들은 그냥 지나쳐 가버린다.

그 다음은 두 사람이 이번에는 같은 행동을 한다. 건널목을 건너다 하늘을 보며 같이 한 곳을 가리킨다. 이 때 다른 사람들이 약간의 눈길을 주는 듯하지만 결국 그냥 지나 가버린다.

그러나 이 번에는 세 사람이 동시에 하늘을 가리키면서 같은 행동을 취한다. 건널목을 건너던 수많은 사람들이 이전과는 다르게 무슨 일인가 하여 함께 쳐다보고 확인하려는 행동을 취하게 된다. 즉 무관심하던 환경이 바뀌어 버린 것이다. 그리고 많은 사람들이 동참하기 시작한다. 이것을 3의 법칙이라고 한다.

이러한 '3의 법칙' 원리를 가지고 많은 사람들을 움직일 수 있다. 나와 전혀 상관이 없는 상황과 관심사일지라도 말이다. 요즘 같이 개인주의화 되고 바쁜 시대를 사는 사람들을 한 자리에 모은다는 것은 쉬운 일이 아니다.

그래서 지하철에서 사람이 전동차 옆에 끼여 있을 때에, 이 사람을 살리기 위해 커다란 전동차를 움직이는 데 많은 사람을 동참시킬 수 있는 원리가 여기 있다. 불가능한 환경이지만 세 사람이 모여서 환경과 분위기를 바꿀 수 있다는 것이다. 그리고 많은 사람들이 동참케 된다.

"한 사람이면 패하겠거니와 두 사람이면 맞설 수 있나니 세 겹 줄은 쉽게 끊어지지 아니하느니라"(전도서 4:12).

"두 세 사람이 내 이름으로 모인 곳에는 나도 그들 중에 있느니라"(마태복음 18:20).

- 환경을 지배하는 친구들을 만들게 하라.

즉 우리 아이들이 환경을 지배할 수 있도록 하는 동역 관계를 건전한 곳에서 이루어갈 수 있도록 만들어 주어야 한다. 엄마, 아빠, 자녀가 같은 마음과 뜻과 생각을 가진다면 환경을 이겨낼 수 있다. 교회는 바로 그러한 공동체의 핵심이라 할 수 있다. 그래서 성경은 교회를 그리스도의 몸이라 표현하는 것이다. 거룩한 교회 공동체를 만들어 간다면 어떠한 역경도 이겨낼 수 있다.

"형제들아 내가 우리 주 예수 그리스도의 이름으로 너희를 권하노니 모두가 같은 말을 하고 너희 가운데 분쟁이 없이 같은 마음과 같은 뜻으로 온전히 합하라"(고린도전서 1:10).

물론 가정도 마찬가지이다. 가정 구성원들이 한 마음으로 합한다면 어떤 나쁜 중독도 해결할 수 있다. 그리고 자녀는 거기서 힘을 얻고 깨닫게 되며 극복할 수 있는 능력이 생기게 되는 것이다.

내가 섬기는 교회는 개척교회이다. 자녀들 중 첫째가 초등학교 3학년 여학생이다. 둘째가 남자 1학년이다. 우리 교회는 토요일마다 SBS(Saturday Bible School)를 처음 열었다. 다섯째를 가진 사모와 단 둘이서 토요 학교를 진행하다 보니 여간 힘든 것이 아니다. 그런데 몇 주 만에 20여명의 초등학생들이 우리 교회에 온다. 이유는 우리 딸과 아들이 전도한 친구들이기 때문이다.

요즘 초등학교 3학년 남자 아이들도 스마트폰을 통해 아주 나쁜 영상을 접한다고 한다. 이 사실을 우리 딸 친구들과 점심 때 라면을 먹으면서 들었다. 깜짝 놀랄 일이다. 이 중에는 남자 학생도 끼어 있다. 그의 눈빛을 보면 그것이 죄라는 사실을 인식하고 있다.

왜 일까? 교회라는 거룩한 환경이 그를 사로잡고 있기 때문이다. 그리고 훈계나 꾸지람 같은 말을 하지 않고 그들의 말을 귀담아 들으며 표정을 살핀다. 그들은 스스로 정화시키고 있다. 그것은 아주 나쁜 것이라고 깨닫고 자기들은 안 볼 것이라고 다짐한다.

'절대 보지 않을 거다'라고 말한다. 그리고 교회에서 그들은 서로 주시하며 선행을 선도한다. 교회에서 뿐만 아니라 학교로 나가서도 믿음의 친구들이 있기에 그들은 외롭지 않다. 힘 쎈 나쁜 아이들이 괴롭혀도 두렵지 않다. 왜냐하면 함께 하는 믿음의 친구들이 있기 때문이다. 교회 공동체, 믿음 안에서 다니엘과 세 친구처럼 아름다운 동역관계를 만들어 주는 교사와 부모가 되어야 할 것이다.

 ## 2. 아버지의 역할: 신앙이 좋은 아버지가 되라

자신감 잃은 아이를 위한 아버지의 역할은 너무나 중요하다. 특별히 바른 신앙을 가진 아버지가 되어야 한다. 그런데 먹고 살기 힘들다보니 소홀해지는 것이다. 그리고 다음과 같은 역할을 감당하는 아비가 되어야 한다.

첫째, 아내에게 더 많은 사랑과 관심을 가져야 한다.

나는 자녀보다도 아내를 더 사랑한다. 아니 이러한 사랑의 우선순위를 자녀들에게 일부러 보여주고 노력한다. 때로는 부부싸움으로 감정이 격해 있을지라도 말이다. 부부로 함께 살다보면 서로 안 맞는 부분도 있다. 마치 물과 기름처럼 섞여지지 않는 삶의 사소한 부분들이 있다. 그래서 말도 하기 싫어질 때도 있다.

그러나 가식적인 가면을 써서라도 나는 아내를 자녀보다 더 사랑함을 보여주려고 한다. 아이들은 무엇을 보고 자랄까? 아이들의 뇌리에 '아빠는 어떤 순간에도 엄마를 버리지 않겠구나'라는 각인이 되도록 가르치는 일이다. 이러한 각인은 아이들에게 안정을 준다. 어떤 상황에서도 우리 집은 무너지지 않을 것이라는 것을 인식하여 안정감과 자신감을 준다. 그러나 부부의 갈등이 심하거나 별거와 이혼 문제로 자라는 아이들의 정서는 건강하지 못한 것을 볼 수 있다.

우리 부부도 자녀들이 보는 앞에서 격하게 싸운 적이 있다. 특히 결혼 후 7년 째까지 제일 많이 싸웠다. 그래서 첫째 딸은 부부 싸움을 제일 많이 보았다.

그런데 어느 날 첫째 딸 아이의 정서가 불안하다는 것을 느꼈다. 그래서 나는 회개하고 자녀를 위해 행동을 바꾸어야겠다고 결심했다. 아이들이 보는 앞에서는 어떤 싸움도 하지 않겠다. 이 결심은 아주 놀라웠다. 첫째 딸의 정서가 바르게 되어져 가는 것을 보았을 뿐 아니라 그 밑에 동생들은 아주 잘 커주더라는 것이다. 그리고 그 후 아빠는 엄마를 사랑한다는 것을 깊이 인식하게 되었다. 이것이 바른 자녀를 위한 아버지의 역할이다.

둘째, 안수 기도하는 아빠가 되어야 한다.

믿음을 가지고 아버지는 자녀의 머리에 손을 얹고 날마다 축복기도를 해 주라.

나는 우리 아이들을 안고 아침마다 안수하며 축복해 주고 있다. 안수와 축복의 권한은 목사와 아버지에게 주신 하나님의 천국 열쇠이다. 그래서 예배 때에도 목사로서 안수하지만 아빠로서 등교하는 자녀들에게 기도해 주고 있다. 기도의 열매가 어떻게 나타나는지 눈으로 보일 정도이다. 하나님께서 그들과 함께 하시는 것을 느낀다.

나는 민수기 6장 22-27절 말씀과 같이 안수기도를 한다.

"22 여호와께서 모세에게 말씀하여 이르시되 23 아론과 그의 아들들에게 말하여 이르기를 너희는 이스라엘 자손을 위하여 이렇게 축복하여 이르되 24 여호와는 네게 복을 주시고 너를 지키시기를 원하며 25 여호와는 그의 얼굴을 네게 비추사 은혜 베푸시기를 원하며 26 여호와는 그 얼굴을 네게로 향하여 드사 평강 주시기를 원하노라 할지니라 하라 27 그들은 이같이 내 이름으로 이스라엘 자손에게 축복할지니 내가 그들에게 복을 주리라"

나는 다자녀를 두었다. 그래서 아들 둘에게 오른손과 왼손을 장남과 차남에게 머리 손을 각각 얹고 민수기 6장 말씀을 외운다. 딸들에게는 영어로 해준다.

넷째는 18개월 밖에 되지 않았지만 아침마다 어린이집 갈 때 자기 머리에 손을 얹어 기도해 달라고 내 손을 잡아 자리 머리에 얹는다.

셋째, 권위 있는 아빠가 되어야 한다.

잘못했을 때는 엄한 아버지가 되어야 한다. 잘했을 때는 아낌없이 칭찬해 주는 아버지가 된다면 자연스레 권위가 세워진다. 그러나 요즘 젊은 아빠들을 보면 자녀를 훈계하지 못하고 자녀에게 끌려 다닌다. 그럼 아버지의 권위가 세워지지 않는다. 결국 안 된다는 것을 가르치지 못해 아이가 자기 멋대로 큰다.

나는 성질이 아주 급하다. 좋은 아빠의 성품이라 할 수 없다. 그래서 걱정만 스스로 많이 한다. 자녀들이 얼마나 많은 상처를 받겠는가? 나도 그런 나 자신이 얼마나 싫은지 모른다. 그러나 참 감사한 것은 이렇게 못난 아비에게 하나님은 아버지의 권위를 허락하고 있다는 것이다. 많은 상처로 모가 나야할 아이들이 200%로 만족스럽게 커주고 있다.

때론 나도 아이를 훈계를 하지 못할 때가 있다. 아빠가 먼저 잘못을 했을 경우이다. 아빠가 게임에 빠져 있는데 어떻게 아빠가 자녀를 훈계 할 수 있겠는가? 이럴 때는 엄마가 훈계한다.

또는 자녀가 너무 어린 경우이다. 넷째는 두 돌 전까지는 혼낼 수가 없었다. 말을 알아듣지 못할뿐더러 조절 능력이 없기 때문이다.

자녀를 엄마가 훈계할 때 나는 침묵하거나 때로는 감싸주기도 한다. 내가 나서서 꾸지람하지 않는 경우는 다음과 같다.

첫째는, 엄마가 혼내고 있을 때는 침묵한다.

적절히 훈계가 되었다고 생각하기 때문이다. 굳이 나까지 나서서 혼낼 필요는 없다. 엄마의 지시를 잘 따를 수 있도록 동조해 주는 남편으로써 침묵한다. 나까지 나서서 잔소리하는 아버지가 된다면 자녀가 받는 스트레스는 클 것이다. 우리 부부는 남편이 먼저 자녀들에게 훈계하는 가정이다. 아내는 혼을 잘 내지 않는다. 가끔 아내도 스트레스가 많으면 폭풍 잔소리를 할 때가 있다. 이럴 때 나까지 나설 필요는 없다는 것이다.

둘째는, 아이가 스스로 자신의 잘못을 알았을 경우에는 침묵한다.

너무나 큰 실수를 하게 되면 아이가 스스로 움츠러드는 모습을 발견한다. 그러면 부드럽게 일깨워 준다. 그리고 문제가 발생된 요인을 가능한 많이 찾아서 가르쳐 준다. 어떤 부모들 중에는 충분이 자녀가 깨달았음에도 불구하고 자신의 분을 이기지 못하는 경우가 있다. 그렇게 되면 역효과가 나타나게 된다. 부모의 훈계도 절제해야 한다.

　예를 들어 18개월짜리 넷째 아들은 스스로 어른이 하는 것을 따라하고 싶어하는 욕심이 있다. 식사 때 수저와 반찬을 나를 때 이 녀석이 도와주고 있다. 반찬 뚜껑도 열려고 시도한다. 그러나 결국 반찬을 다 쏟고 마는 일이 발생했다. 나는 꾸지람 하지 않는다. 놀라는 소리로 기죽이지도 않는다. 그의 표정을 보면 이미 스스로 놀라 쏟은 잘못을 알고 있는 눈치이다. 이 눈빛이 보이지 않는다면 따끔하게 말하겠지만 스스로 잘못을 깨달은 아이에게 훈계는 기죽는 잔소리에 불과한 것이다.

　셋째는, 예배를 더 소중히 여기는 아빠의 모습을 보여 주어야 한다.

　목사이기에 하는 말이 아니다. 나는 가끔 나 자신을 돌아본다. 만약 내가 목사가 아닌 아빠라면 좋은 아빠가 될 수 있을까? 아마도 지금 아빠의 영향력과 권위는 40% 이상 저하될 것이라 생각된다. 직장 다니랴 피곤해서 어느 세월에 가정 예배를 잘 드릴 수 있을까? 그래서 나는 너무나 감사한 것 중에 하나가 아빠 목사라는 사실이다. 그래서 자녀들과 함께 예배드릴 시간이 많다. 이것이 얼마나 큰 영적 축복인지를 시간이 흐를수록 느낀다.

　직장 생활로 바쁜 아버지들이여~ 힘든 거 잘 안다. 그러나 예배가 더 소중하다는 것을 자녀들에게 보여 줄 수는 있다. 예배를 바르게 드리기 위해 영적 싸움하는 아버지의 모습을 자녀들에게 보여 주어야 한다. 하나님은 당신의 자녀들과 함께 하실 것이다. 예배 시간을 지키려는 모습, 말씀에 집중하는 모습, 찬양을 혼신을 다해 부르는 모습, 성경을 읽는 모습, 교회를 사랑하는 모습, 잘 섬기는 모습 등을 통해 자녀들에게 충분한 본이 될 뿐 아니라 그들도 당신이 만난 하나님을 만나게 될 것이다.

 ## 3. 가능하면 게임과 미디어에 노출 시키지 마라

결국 아이들은 컴퓨터 게임을 알게 되겠지만 7살 이전의 아이들은 TV와 스마트폰을 엄격히 훈련시켜야 한다(p.161 참고).

우리 집 셋째 딸이 자녀들 중에서 제일 많이 미디어에 빠져 있다. 만 5살 여자 아이지만 스마트폰, 아이패드, 컴퓨터, TV를 자기가 원하는 만큼 다룰 줄 안다. 초등학생인 언니 오빠들의 영향 때문이다. 첫째와 둘째는 미디어로부터 잘 보호되었지만 결국 셋째는 더 빨리 배우게 되었다.

아침 8시 쯤 TV를 켜서 9시 반에 차가 올 때까지 밥을 먹으면서도 본다. 그러다 보니 넷째 18개월짜리도 마찬가지이다. 오후 어린이집 다녀온 셋째는 아이패드를 달라고 한다. 그리고 학교 다녀온 둘째 오빠랑 서로 아이패드를 가지고 놀겠다며 잘 싸운다. 오빠가 컴퓨터 한다면 자기도 컴퓨터 한다고 한다. 18개월짜리 넷째는 그 옆에 앉아 같이 컴퓨터나 아이패드를 보고 있다. 이만하면 걱정되지 않겠는가? 어쩔 수 없이 셋째부터 노출된 미디어 때문에 게임 중독될까 보통 부모들은 걱정할 것이다. 그러나 나는 걱정하지 않는다.

셋째와 넷째가 한 번도 어린이집 안 간다고 한 적이 없기 때문이다. 자녀가 많다 보니 아침이면 전쟁이다. 새벽기도 마치면 7시가 넘는다. 그리고 제일 어린 넷째 녀석부터 깨어 일어나 밥 달라고 한다. 그리고 모두 깨어나면 한바탕 전쟁이다. 등교해야 할 첫째와 둘째를 챙겨야 한다. 뿐만 아니라 셋째와 넷째의 도시락 통, 가방, 이

불, 물통, 옷 입히랴, 넷째는 자기 안 봐준다고 울고불고, 난리부르스. 정신이 없다. 그러다보니 아직 애기 같은 넷째를 챙기는 것이 쉽지 않아 TV를 켤 수밖에 없는 상황이다. 그러나 어린이집 차를 타고 가야할 9시 반쯤, "차온다 가자"라고 말하면 넷째는 자기 신발을 찾아 신고 먼저 나선다. 왜 이럴까?

그 이유는 이미 가정에 사회성이 발달한 셋째와 넷째이기 때문이다. 그리고 신발 신고 머리에 손 얹어 안수 기도 해달라고 한다. 그들의 미소가 얼마나 사랑스럽고 순수한지 아는가?

이런 가정에 다섯째가 들어섰다. 이 책이 나올 즈음에 다섯째가 태어난다.

 4. 게임하는 만큼 공부와 심부름도 하게 해야 한다

어릴 때일수록 호기심이 많고 새로운 것을 적극적으로 받아 들인다. 그래서 게임하는 것을 좋아한다. 학교나 어린이집 다녀온 자녀가 아이패드 하겠다며 손을 내민다. 그러나 나는 이럴 때 꼭 심부름과 숙제를 시킨다. 그리고 정말 하고 싶은 것이 있다면 심부름을 하고 원하는 것을 하게끔 한다(p.154-1 참조). 초등학생들은 학교 숙제뿐만 아니라 아빠가 별도의 숙제를 내어 주고 그것을 한 후 하게 한다. 이것이 습관이 되어서 셋째도 만 5살이지만 스스로 한글 쓰기를 한다. 몇 바닥씩 따라 쓰고는 원하는 것을 하게끔 훈련 시켰다. 또한 숙제를 하거나 착한 일을 하면 자기 통장에 보상으로 100원씩 올려 주기도 한다. 그러면 아이들은 '아싸' 하며 신나해 한다. 어릴수록 쉽게 습관을 만들 수 있다. 부모가 정확한 원칙을 가지고 있다면 말이다.

또한 컴퓨터를 처음 접한 첫째와 둘째는 타자 놀이부터 했다. 그들은 타자를 통해 서로 경쟁하며 컴퓨터를 즐겼고 급기야 일정량의 영어 타자 반복 학습 후 자기가 하고 싶은 주니어 네이버 게임도 하게 했다. 컴퓨터를 처음 보았을 때, 스마트폰을 처음 쥐어 줄 때 제일 먼저 무엇을 보여 줄 것인가가 중요하다.

일하지 않으면 놀지도 말라는 것이 나의 철학이다.

 5. 자녀가 게임에 빠졌다면, 어떤 게임인지 알아야 한다

게임 마니아들이 게임에 빠져 있을 때, 뇌에서 나오는 독특한 호르몬이 있다. 도파민이라는 것이다. 사람에게 없어서는 안 될 중요 신경호르몬 중에 한 가지이다. 그러나 과다한 분비로 도파민이 조절되지 않으면 우울증이나 정신분열증이 생긴다. 금단 현상이 심해지고 쉽게 짜증을 내는 이유이기도 하다. 적극적 치료와 강한 의지가 없으면 또 다른 문제를 야기할 수 있다.

게임을 하면 도파민이 생성된다. 이때 게이머의 감정은 최고조에 이르게 된다. 예를 들어 지금 게임에 열중하고 있는 초등학생 아이가 있다. 그런데 누군가가 스위치를 눌러 게임기를 꺼버리면 어떻게 될까?

게임을 즐기다보면 중독되는데, 중독의 맛을 알기에 오늘도 새로운 게임을 찾아다니는 게임 마니아들이 있다. 그리고 그 마니아들은 무조건 중독성이 강해야하기 때문에 "그거 강해?"라고 묻는다.

예를 들면, 그들의 아침 인사는 "문명하셨습니까?"이며, 문명이라는 게임은 매니아들에게 엄청난 중독성을 주는 게임 중 하나이다.

2013년 이 후에는 LOL(리그 오브 레전드)이 대세이다. 내가 게임에 빠졌을 당시에 최고의 게임은 스타크래프트였다. 그리고 같은 회사의 디아블로라는 게임은 많은 청년들을 폐인으로 만들었다. 중독성이 강한 게임이다.

자녀가 게임에 빠졌다면, 무슨 게임에 빠졌는지 알아야 한다. 그리고 대화를 할 수 있는 부모가 되어야 한다. 우리 자녀들은 무턱대고 아무 게임이나 빠지지는 않는다. 부모의 관심이 없는 아이는 결국 게임중독자가 된다.

요즘은 게임이 다양하다. 그 다양한 게임 컨테츠 중에 유익한 게임이 있다. 그것을 찾아서 제공할 수 있는 부모가 되어야 한다. 내가 나의 자녀들에게 추천하는 게임은 방탈출, 켓치잇잉글리시, 집짓기, 전략게임(바둑이나 장기같은 류, 스타크래프트나 롤 등) 이다.

 6. 게임도 함께 해야 재미있다는 사실을 각인시키라

게임 중독에 빠지는 자녀들은 외톨이거나 왕따, 또는 형제가 없어 혼자 크는 경우가 대체로 많다. 이들이 무엇보다 혼자가 아니라는 사실을 알아야 한다.

어린 자녀일수록 혼자 게임하는 습관을 길들여서는 안 된다. 함께 보고 웃고 나눌 때 그 즐거움이 더 크다는 것을 인식하게 된다면 결코 오타쿠형의 자녀들이 생겨나지 않는다. 특히 독남 독녀들은 많이 위험하다고 생각한다. 요즘 청소년들은 예전에 비해 친구가 별로 없어도 외롭지 않다고 한다. 이유는 인터넷을 통해 부족한 친구와 지식을 채우기 때문이라 할 수 있다. 그러나 결국 사회생활이라는 것이 혼자 할 수 있는 것이 아니다. 군대라는 조직도 마찬가지이다. 결국 대인관계가 원만하고 함께 어울릴 줄 아는 자녀가 사회 생활, 군대 생활을 잘하게 되어 있다.

그래서 게임을 할 때는 가족이 함께 하거나 좋은 친구와 건전한 게임을 하며 일정 시간과 목표를 두고 하게끔 해야 한다.

 ## 7. 규칙적인 삶 가운데 하는 게임이 즐겁다

나는 게임을 즐긴다. 그러나 게임만하면 정말 재미없는 하루하루를 보내게 되는 것을 느꼈다. 하지만 내가 해야 할 일을 하고 즐기는 게임은 그 재미가 몇 배는 더 강하다. 게임 속에서 만난 사람들을 분류해 보면 게임만하는 사람들과 직업(또는 학생)을 가진 사람들, 가정을 가진 사람 등으로 분류할 수 있다.

그런데 정말 게임을 즐기며 사는 사람들은 직업을 가지고 자기 생활에 충실한 사람들이었다. 그들은 1시간 게임하는 동안 집중력과 그 시간의 즐거움을 몇 배의 즐거움으로 누린다. 그러나 게임만하는 사람들은 별로 말도 없고 좋은 인간관계를 형성하지 못하는 것을 본다. 그저 렙업과 자신의 케릭터에만 관심이 있다. 그리고 몇 달째 게임만 하고 있는 사람들은 지쳐가는 모습을 쉽게 본다. 그러나 일정한 직업을 둔 사람들은 매일 매일 자신의 게임 시간을 충실히 즐긴다. 이것이 과하여 학교를 가지 않는다든지 직업을 포기하는 나쁜 경우를 보기도 하지만 자기 생활에 충실한 사람들이 자기 절제력을 잘 살려서 여가로 사용하는 것을 보면 그 삶이 풍성하다는 것을 느낀다.

뿐만 아니라 가정을 둔 사람들은 솔로들의 부러움을 사면서 게임을 즐긴다. 부부가 함께 즐기며 내일 출근을 준비하는 부부들도 보았다. 규칙적인 삶은 게임 유저들을 더 행복하게 한다.

 ## 8. 세상에는 게임보다 더 재미있는 것이 많다는 것을 알게 하라

사람을 만나는 것보다 흥미로운 것이 있을까? 물론 좋은 사람들을 만나야 할 것이다. 분명한 것은 온라인 상에 좀비들만 가득한 서버(죽은 서버, 유저가 별로 없는 서버)에서 나홀로 아무리 열심히 렙업 해봐야 그곳은 의미가 없는 곳이다. 죽은 서버는 흥미를 잃는다. 결국 폐쇄가 된다. 지금까지 모은 돈과 케릭터에 쏟아 부은 시간과 열정은 모두 다 사라진다. 실체를 보는 눈을 길러야 한다.

세상에는 게임 말고도 더 재미난 것이 많다는 것은 다 아는 사실이다. 그 눈을 뜨게 해 주어야 한다. 더 중요한 것은 그것을 체험하고 느끼고 배우는 시간이 얼마 없다는 것이다. 젊음은 금방 사라진다. 게다가 가족과 함께 하지 않는 시간은 재미가 더 없다. 부모와 친구와 함께 더 재미난 것을 발견 할 수 있도록 부모가 노력해 주어야 한다.

 ## 9. 안 된다는 질책보다는 문제를 인지시켜야 한다

게임만 하면 잔소리하는 부모가 있다. 나의 아내도 마찬가지이다. 그래서 우리 집에서는 엄마의 잔소리를 '폭풍 잔소리'라고 부른다.

폭풍 잔소리가 시작되면 아이들의 얼굴이 일그러진다. 옆에 보고 있는 나도 짜증이 난다. 훈계는 길수록 좋은 효과가 나는 것이 아니다. 문제를 정확히 인식시켜주기만 한다면 그것으로 끝을 내야 한다. 그 이상은 독이 된다.

나는 정말 자녀가 잘못했다면 짧고 굵고 강하게 혼쭐을 내어 준다. 이게 나만의 자녀 양육 특기이기도 한 것 같다.

 ## 10. 가정의 소중함을 인식시켜야 한다

가정이 행복해야 자녀들은 가정의 소중함을 인식할 수 있다. 가정을 행복하게 만드는 부모가 행복하고 건강해야 자녀들도 건강할 수 있다. 자녀들에게 가정의 행복을 보여 주라. 그것은 아버지에게 달려 있다.

 ## 11. 아빠를 좋아하게 만들라

놀아주는 아빠가 되어야 한다.

귀찮을 정도로 우리 집 자녀들은 나를 찾는다. 때론 숨어버리고 싶을 정도이다. 우리 집에 처제 자녀들까지 놀러 와서 며칠 죽치고 있으면 마치 여름 성경학교가 돌아 온 줄 착각 할 정도이다. 18개월짜리 여자애 조카(넷째 아들과 같은 월생)가 나만 보면 "아빠! 아빠!" 한다.

그런데 기억하라. 잘 놀아주는 아빠가 결국 영향력 있는 아빠가 된다. 아빠의 말에 순종도 잘하게 되어 있다.

아빠를 싫어하는 자녀는 잘 없지만 그러나 계속해서 아빠를 좋아하게끔 유지하는 것은 쉽지 않다. 아빠의 노력이 필요하다. 가장 쉽게 점수를 딸 수 있는 시기는 유아기 때이다. 청소년이 되면 점수 따는 것이 쉽지 않다. 힘들다 생각하지 말고 이 때 점수를 많이 따두자는 사고 전환을 하라.

 ## 12. 무의미한 게임은 하지 않게 하라

자녀는 게임이 무의미한지 의미가 있는지 구분하지 못한다. 또한 부모가 게임 속에서 의미를 찾는 것도 쉽지 않다. 분명한 것은 부모의 관심이다. 개인적으로 '새로운 것을 배운다'는 것은 의미가 있다고 본다. 컴퓨터와 인터넷의 국한된 범위 내에서 말이다. 부모가 조금만 관심을 가지고 자녀와 함께 게임을 해 본다면 그 속에서 배울 것이다. 문제는 자녀가 많은 시행착오를 반복해서 겪는다는 것이다. 부모는 착오를 줄여줄 수 있다. 인생의 대선배이기 때문이다.

그런데 진짜 무의미한 게임이 있다. 단순하고 반복되는 게임. 그리고 시간만 먹는 종류의 게임이 있다. 이것은 오래하면 할수록 무의미하다. 그리고 그것을 스스로 깨달을 수 있도록 일깨워 줘야한다 (참조 p.154- "얘야, 무의미한 게임은 하지 마라." p.165- 특별히 금지해야 할 게임).

 ## 13. 생산적인 일에 활용되게 하라

우리 교회 예배 시간에 PPT를 넘기는 사람은 다름 아닌 8살, 둘째

아들이다. 초등학교 1학년 밖에 되지 않지만 매 주일 찬양 시간에 프리젠테이션을 담당하고 있다. 그는 너무나 즐거워한다.

컴퓨터로 할 수 있는 무궁무진한 꺼리가 있다. 그것을 찾아 주라. 포토샵, 동영상, 그리고 영상 통화 교육 등. 셀카도 재미난 놀이다.

나는 개인적으로 외국인 친구를 소개시켜 주고 싶어 요즘 어떻게 연결할까 고민 중이다.

 ## 14. '게임도 힘들다'는 것을 인식시키는 타이밍을 잡으라

게임에 푹빠져 사는 자녀들이 있다. 그들에게 게임도 노동이라는 것을 인식시켜 줄 필요가 있다. 그 적절한 순간을 포착해야 한다. 깨닫는다면 그는 더 이상 중독자가 아니다. 그리고 그 에너지를 전환시켜 생산적인 일에 쓰도록 기회를 만들어 주도록 하라. 본인이 준비하고 있는 '게이머 힐링센터'(http://게이머.kr)는 이것을 가르쳐 주는 장으로 만들고자 꿈꾸고 있다.

 ## 15. 자녀가 많으면 사회성이 발달한다

글을 마무리하는 단계에서 아이들 엄마가 다섯째를 가졌다. 솔직히 힘들다. 그럼에도 불구하고 그렇게 많은 걱정을 하고 있지 않다. 믿음이 좋아서일까? 아니다. 형제들이 많아서 사회성을 저절로 배운 넷째를 보면서 느끼는 점이다. 옛날 어른들이 '다 자기 밥그릇은 가지고 태어난다'고 하셨다. 그들이 자라는 모습을 지켜보는 아비로서 확신한다. 알아서 잘 커 주고 있다는 것 말이다.

단지 소원이 있다면 이렇게 책까지 썼는데 10년 후에 자랑 할 수 있는 자녀들이 없다면 부끄러울 수도 있겠지만, 나는 솔직히 평범하게만 자라줘도 아쉬움은 없다. 넷째를 보면서 위 형제들보다 더 강하다는 것을 느낄 때 아비로써 만족함을 느낀다.

사회성이 발달하는 자녀들의 특징은 다음과 같다.

◇ 다른 사람을 행복하게 하는 사람이 된다.

요즘 학생들뿐만 아니라 성인들도 눈을 보고 대화하는 것보다 스마트폰으로 하는 대화가 많아지면서 외톨이 아닌 외톨이들이 많은데, 이를 극복하기 위해서는 가정의 환경이 중요하다.

◇ 친구들에게 관심이 많고 양보를 잘하고 관대한 사람이 된다.

잘난 체하지 않고 자신의 부족함이나 감정을 자연스럽게 노출 할 줄 아는 사람이 된다.

◇ 친구들과 공감을 잘하는 사람이 된다.

대화할 때 상대방의 의견을 존중할 줄 알고, 열심히 들어주고 상대의 감정을 잘 파악 하는 사람이 될 것이라 생각한다.

◇ 먼저 인사하고 상대방을 칭찬하는 말로 대화를 시작하는 사람이 된다.

 16. 부모부터 바뀌어야 한다

부모부터 바뀌어야 한다. 변하지 않는 자신을 발견하라.

부모가 자녀에게 본을 보여 주지 못하지만 스스로 자식들 앞에서 정당하다는 인식이 팽배하다. 부모가 아이들 보는 앞에서 스마트폰으로 게임을 하고 있다. 또는 쇼핑하고 있다. 그러면서 자녀들에게 게임하지 말라고만 한다. 그리고 그 부모 자신의 부족한 면을 바꾸려고 노력하지 않는다. 이것을 결국 자녀 교육을 망치는 것이다. 요즘 책이 잘 팔리지 않는다고 한다. 특히 자기 개발서는 더더욱 팔리지 않는다고 한다. 부모가 먼저 바뀌어야 한다.

이런 이야기가 있다.

어느 날 한 아주머니가 아들을 데리고 간디를 찾아왔다.

간디 앞에 무릎을 꿇은 어머니는 아들을 도와주기를 간청했다.

"선생님, 제 아들을 도와주세요. 아들이 설탕을 너무 좋아해요.

건강에 나쁘다고 아무리 타일러도 안 들어요. 그런데 아들이 간디 선생님을 존경해서 설탕을 끊으라고 하면 끊겠다는군요."

간디는 소년의 눈을 바라보며 그의 어머니에게 말했다.

"도와드릴 테니 보름 뒤에 아드님을 데려오십시오."

"저희는 선생님을 뵈러 아주 먼 길을 왔습니다.

그냥 돌려보내지 마세요. 제 아들에게 설탕을 먹지 말라고 한마디만 해 주세요."

간디는 다시 한 번 소년의 눈을 지그시 바라보며 말했다.

"보름 뒤에 다시 아드님을 데려오십시오."

보름 뒤, 그 어머니는 아들을 데리고 간디를 찾아왔다.

간디는 소년에게 말했다.

"애야, 설탕을 많이 먹으면 건강을 해치니 먹지 않는 것이 좋겠구나."

그 어머니는 고마운 뜻을 전하면서 간디에게 물었다.

"선생님, 궁금한 게 있습니다. 보름 전에 제가 아들을 데리고 선생님을 찾아뵈었을 때 왜 보름 후에 다시 찾아오라고 하셨습니까?"

간디가 대답했다.

"실은 저도 설탕을 좋아합니다. 보름 전에도 저는 설탕을 먹고 있었거든요. 아이에게 설탕을 먹지 말라고 하기 전에 제가 먼저 설탕을 끊어야 했습니다."

 17. 자식보다 아내와 남편이 먼저이다

게임하는 남편을 자식들이 보는 앞에서 면박을 주는 아내가 있다. 그리고 그런 아내에게 심한 욕설과 힘으로 싸우는 남편이 있다. 이런 가정만큼 안타까운 가정이 또 있을까? 아내와 남편을 자식들이 보는 앞에서 존중해 주어야 한다.

〈 게임하는 부부의 기본적 예의 〉

1. 자녀들 앞에서 싸우지 않기

2. 자녀들 보는 앞에서 게임하지 않기

3. 자녀들로부터 아내와 남편의 부족한 부분을 서로 가려 주기

   (*게임하는 모습을 숨겨 주어야 한다.)

4. 가사의 일을 나눠서 분담하기

5. 미루지 않기(자기가 해야 할 역할은 책임감으로 해야 한다).

 18. 죄에 대한 경각심을 갖게 해야 한다

게으름, 나태함, 과도한 게임으로 인한 시간 낭비 등에 대한 죄를 인식을 하도록 해야 한다. 앞에서 쓴 것처럼 게임 자체가 문제가 아

니다. 게임으로 인한 죄이다. 자기 역할을 책임지지 않는 안일한 태도가 한 공동체에 많은 문제를 일으킨다.

이러한 문제 인식을 부모는 자녀들에게 가르쳐야 한다. 그런데 성인에게 가르치는 것은 더 어렵다. 그러나 예배로 죄인식을 충분히 할 수 있다. 하나님을 경외하는 것이 신앙의 첫 걸음이다. 예배는 하나님을 경외케 한다. 믿음을 바로 세우고 예배드리기를 힘쓰라.

 ## 19. 잘못된 문화를 인지하고 개혁하는 자녀가 되게 하라

요즘 젊은이들은 다양한 문화 속에 살아가고 엄청난 속도로 변화를 겪고 있는 세대이다. 그러다보니 현재와 미래에 나타나는 문화에 대해 분별력이 없다. 그 분별력은 바른 가치관에서 생겨나게 되어 있다. 바른 가치관은 성경 말씀을 통해 지혜가 생겨난다. 자녀들이 잘못된 문화를 인지하고 개혁할 수 있도록 가르쳐야 한다. 그래서 나는 자녀들에게 말씀을 가르치는 일을 게을리하지 않고 있다.

예를 들어, 2월 14일은 밸런타인(Valentine)데이이다. 사랑하는 여자가 남자에게 초콜릿을 주는 날로 유명하다. 이런 문화는 상업주의화 된, 영적으로 나쁜 문화 중에 한 가지이다.

그래서 나는 214문화개혁을 해야겠다는 생각에 배려타인(背戾他人)데이를 몇 년 전 창시해 보았다. 이유는 오늘날 청소년들이 잘못된 문화를 인지할 수 있도록 하기 위한 청소년 사역자로써 조그마한 몸부림이었다. 물론 이 계기로 자녀들에게 문화를 창의적으로 개혁할 것을 가르치고 있다. 일전에는 우리 집 첫째 딸이 친구들과 함께 할로윈데이 축제를 하러 밤에 나가겠다고 하길래 말렸다.

"'귀신 축제일'에 네가 왜 나가니? 밤에!"

물론 할로윈데이는 여러 가지 유래가 있어 긍정적인 부분을 찾아볼 수도 있지만 우리나라의 국경일도 제대로 못 지키면서 상업주의에 놀아나는 아이들의 모습을 보면서, '귀신 축제일'이니 따라 다니지 말라고 했습니다. 그랬더니 집에서 조용히 보내더군요.

 ## 20. 진짜 우리를 변화시키는 것은 말씀과 기도이다

정말 중요한 교육팁이다. 나는 부모로써, 아비로써 너무나 부족한 사람이다. 그러나 자녀들이 하나님의 말씀과 기도로 무장된다면 어떤 쓰나미 같은 나쁜 중독 문화가 몰려온다 할지라도 이겨내는 나의 자녀들이 될 것이라 믿는다.

 ## 21. 스마트폰에 중독되지 않으려고 노력하는 부모가 되라

다행이도 첫째 아이는 아직 전혀 스마트폰에 중독되지 않았다. 초등학교 4학년이다. 그러나 스마트폰을 너무나 좋아한다. 이유는 켜기가 쉽고 아주 가까이 있기 때문이다. 그리고 또한 7살짜리 셋째 딸은 컴퓨터와 스마트폰을 아주 좋아한다. 그러나 다행이 스마트폰으로 갈등을 겪는 일은 없다. 그러나 걱정이 되는 것은 어느 부모와 다를 바가 없다. 첫째 딸은 마인크래프트라는 것을 즐겨한다. 이것은 3D로 집을 짓는 게임이다. 그래서 특별히 금지하지 않는다.

또한 노트북을 사줬다. 그러나 노트북을 쓰는 횟수는 일주일에 서

너 차례에 불과하다. 이 사실을 아는 이유는 노트북을 켰을 때 나의 스마트폰에 그가 무엇을 하고 있는지 보여 주는 cctv가 달려 있고 부팅 시 알림 메시지가 날아온다. 이 앱의 이름은 '너 머해 뷰어'이다. 이 앱으로 임시 cctv로 사용할 수도 있다. 2대의 스마트폰으로 한 대는 카메라로 설정하고 근처에 둘 수 있다. 그리고 아기를 재우고, 슈퍼에 물건을 사러 갔을 때 아이가 깨어 울거나 움직이면 이 소리와 움직임을 감지하여 알려주기도 한다. 참고하기 바란다.

문제는 셋째 딸과 넷째 아들이다. 그래서 이들을 늘 살피며 양육하고 있는 노하우를 조금 소개 하겠다.

첫째는 게임 중독의 문제를 셋째 아이에게 늘 인식시켜 주고 있다. 다행이 감시자인 언니와 오빠가 있어서 그 감시는 아주 쉽다. 그러나 사용 횟수와 시간이 늘어갈 때마다 주의를 준다.

둘째는 제재를 가한다. 아무 때나 제재하지 않지만 생활 태도가 불량할 때 경고부터 한다. 엄마 말을 안 듣거나 함께 청소하는 일에 동참하지 않거나 예배 태도 등을 살피며 주의 준다. 그리고 누적된 경고가 있을 때 그 경고 횟수에 따라 스마트폰 사용 금지령을 내린다. 이러한 반복 교육은 아주 유효하다. 스스로 인지능력이 발달함에 따라 스스로 절제하려는 모습이 보인다. 그리고 다른 방법으로 보상하여 그 절제력을 칭찬하고 있다.

셋째 딸은 아직 글을 몰라 넷째 동생과 의자를 쌓아 놓고 이불로 자기만의 요새를 만들며 논다. 특별한 놀이가 없다. 물론 넷째는 짐보리 등 장난감을 가지고 놀기도 한다.

이 사실들을 보면서 특별히 에너지가 많은 아이들이 있다는 것을 느끼게 되었다. 이런 자녀들은 다른 무언가에 빠져 즐기며 놀기를 아주 간절히 원한다. 이들의 에너지를 쏟아 부어 즐길 놀이를 제공해야 한다. 그러나 스마트폰을 맡기는 것은 좋지 못한 양육법이다.

셋째는 잠을 자는 시간을 억지로라도 만든다. 잠을 자고 나면 마치 컴퓨터가 리셋 된 듯한 맑은 정신을 유지하게 되어 아이 정서에 매우 좋은 것 같다. 그리고 언니와 오빠가 함께 놀아 주는 시간이 많이 있기에 심심한지 모르고 자라고 있다.

무엇보다 감사한 것은 어린이집 생활을 잘하고 있으며 선생님들로부터 칭찬을 잘 받는 아이라는 사실이다.

 22. 게임 중독이 너무 심한 자녀를 위한 마지막 팁!

자녀의 에너지를 전환시키라.

예를 들어 자녀와 함께 국토 대장정을 떠나 보는 것이다. 또는 힐링센터(http://게이머/kr)에서 부흥 집회에 참석해 보는 것이다. 추천하고 싶은 것은 부흥 집회 후 깃발을 들고 국토 대장정을 떠나 집으로 돌아오는 것이 가장 좋은 효과가 있을 것이다.

나는 밤 세워 게임하는 버릇을 신학대학원에서 고쳤다. 오랜 시간이 걸렸다. 만약 지금의 아빠인 내가 그때 아들인 청년 문해룡에게 멘토링을 한다면 이 방법을 택하겠다. 힐링센터 부흥 집회를 통해 은혜를 받고 국토 대장정을 떠나 꿈을 발견하고 돌아와서 새로운 습관을 길들여 나의 에너지를 전환한다. 나에게 능력이 있다면 이런 아이들과 함께 국토 대장정을 떠나 보는 것도 너무나 즐거운 일일 것 같다.

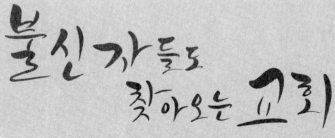

맞춤형

무릎 기도문 시리즈

기도가 답입니다! -그런데 그 기도는 구체적이어야 합니다.

자녀를 위한
무릎기도문

가족을 위한
무릎기도문

자녀축복
안수기도문

재난재해안전
무릎기도문-자녀용

아가를 위한
무릎기도문

태아를 위한
무릎기도문

남편을 위한
무릎기도문

아내를 위한
무릎기도문

태신자를 위한
무릎기도문

새신자를 위한
무릎기도문

교회학교 교사
무릎기도문

재난재해안전
무릎기도문-부모용

망망한 바다 한가운데서 배 한 척이 침몰하게 되었습니다.
모두들 구명보트에 옮겨 탔지만 한 사람이 보이지 않았습니다.
절박한 표정으로 안절부절 못하던 성난 무리 앞에 급히 달려 나온 그 선원이
꼭 쥐고 있던 손바닥을 펴 보이며 말했습니다.
"모두들 나침반을 잊고 나왔기에 … "
분명, 나침반이 없었다면 그들은 끝없이 바다 위를 표류할 수밖에 없을 것입니다.

삶의 바다를 항해하는 모든 이들을 위하여 우리는 그 나침반의 역할을 하고 싶습니다.
우리를 구원하신 위대한 주 예수 그리스도를 널리 전하고 싶습니다.

"하나님은 모든 사람이 구원을 받으며 진리를 아는 데에 이르기를 원하시느니라"
(디모데전서 2장 4절)

PC방 폐인이었던 나는 목사다

지은이 | 문해룡
발행인 | 김용호
발행처 | 나침반출판사

1판 발행 | 2015년 4월 20일

등 록 | 1980년 3월 18일 / 제 2-32호
주 소 | 157-861 서울 강서구 염창동 240-21
　　　　블루나인 비즈니스센터 B동 1607호
전 화 | 본　사(02)2279-6321
　　　　영업부(031)932-3205
팩 스 | 본　사(02)2275-6003
　　　　영업부(031)932-3207

홈페이지 | www.nabook.net
이 메 일 | nabook@korea.com
　　　　　nabook@nabook.net

ISBN 978-89-318-1496-5
책번호 가-9047

값은 뒷표지에 있습니다.

PC방 폐인이었던 나는 목사다